21 世纪高职高专能力本位型系列规划教材 · 工商管理系列
连锁经营管理方向

连锁企业促销技巧

主 编 李 英 杨晓凌

北京大学出版社
PEKING UNIVERSITY PRESS

内容简介

本书根据连锁企业对专业技能人才的需求，结合实际的工作过程和教学情况，在连锁企业常用的促销方法中选择最具代表性、最基本的促销方式为主线进行编写。全书共分 8 个项目，分别为赠品促销、折价促销、竞赛与抽奖促销、会员制促销、DM 促销、POP 广告促销、商品陈列促销、节日促销。本书内容简洁实用，具有职业性、应用性和实践性的特点。

本书可作为高职高专连锁经营管理及相关专业的教材，也可供连锁企业员工培训及相关管理人员自学使用。

图书在版编目 (CIP) 数据

连锁企业促销技巧 / 李英，杨晓凌主编 . —北京：北京大学出版社，2016. 8
(21 世纪高职高专能力本位型系列规划教材 · 工商管理系列)
ISBN 978-7-301-27350-0

Ⅰ . ①连…　Ⅱ . ①李…②杨…　Ⅲ . ①连锁企业—促销策略—高等职业教育—教材
Ⅳ . ① F717. 6

中国版本图书馆 CIP 数据核字 (2016) 第 181082 号

书　　名　连锁企业促销技巧
Liansuo Qiye Cuxiao Jiqiao
著作责任者　李　英　杨晓凌　主编
策 划 编 辑　蔡华兵
责 任 编 辑　蔡华兵
标 准 书 号　ISBN 978-7-301-27350-0
出 版 发 行　北京大学出版社
地　　址　北京市海淀区成府路 205 号　100871
网　　址　http://www. pup. cn　　新浪微博：@ 北京大学出版社
电 子 信 箱　pup_6@163. com
电　　话　邮购部 62752015　　发行部 62750672　　编辑部 62750667
印 刷 者　北京鑫海金澳胶印有限公司
经 销 者　新华书店
787 毫米 × 1092 毫米　16 开本　9. 75 印张　222 千字
2016 年 8 月第 1 版　2016 年 8 月第 1 次印刷
定　　价　25. 00 元

前　言

促销是连锁企业开发市场的重要手段，也是一把双刃剑。它可以帮助企业打败敌人，但若使用不当也可能伤及自己，使企业陷入价格战的泥潭而不能自拔，最终因亏损而退出市场。因此，研究连锁企业的促销技巧具有重要的现实意义。

关于本课程

连锁企业促销技巧是高职高专院校连锁经营管理专业的核心课程之一，主要以连锁企业门店促销业务流程为导向，“以学生为教学主体，以学习情境为教学载体，以行动为导向进行教学”，培养学生策划促销方案的能力和实践动手能力，为其日后从事连锁行业相关工作打下基础。

关于本书

本书着重探讨连锁企业促销技巧，分析连锁企业促销案例的成败，总结连锁促销技巧的实务精髓，把握连锁企业的时代脉搏，并突出以下几个特点：

(1) 本书通过“精简、融合、重组、增设”等途径将内容进行更新和有序化，使课程的理论教学体现以应用为目的，以“必需、够用”为度，实践教学与理论教学相配套，突出工学结合特色，培养学生的实践技能，以符合连锁企业对专业人才综合能力的要求。

(2) 打破传统学科课程模式，采用“以行动为导向”的学习课程模式，通过“任务布置→知识准备→企业调研→任务完成”使学生掌握各种促销方式的运用和执行。

(3) 在分析典型工作任务的基础上，确定工作与学习的内容，并以此来设计学习目标和学习情境；每个学习情境的展开都以激发学生的自主学习精神，提升其应用知识和解决问题的能力为出发点；结合教师在任务展开前的引导、任务展开中的辅助、任务结束后的点评，让学生能够在实践中充分消化理论知识，并且能够带着在实际操作中遇到的问题进行理论学习，进一步熟练掌握技能要点。

(4) 穿插丰富的企业真实促销案例，供学生在完成任务时参考使用，从中汲取在工作中所需的知识和技能。

如何使用本书

本书可按48学时安排教学，各项目学时分配为6学时左右，教师可根据具体教学情况灵活安排取舍。建议结合案例来设计实训，在教学时充分调动学生参与互动的积极性。

本书由福建信息职业技术学院李英和杨晓凌编写。本书在编写过程中，收集了许多连锁企业的一手数据资料，参考和引用了国内外相关的文献资料，还吸收和听取了许多资深连

锁行业专业人士的宝贵经验和建议。在此谨向对本书编写、出版提供过帮助的人士表示衷心的感谢！

由于编者水平有限，编写时间仓促，书中难免存在不妥之处，敬请广大读者批评指正。您的宝贵意见请反馈到电子信箱 sywat716@126.com。

编　者

2016 年 1 月

目　录

项目一　赠品促销

项目二　折价促销

项目三　竞赛与抽奖促销

项目四　会员制促销

项目五　DM 促销

项目六　POP 广告促销

项目七　商品陈列促销

项目八　节日促销

项目一

赠品促销

学习目标

知识目标	技能目标
(1) 了解赠品促销的含义、意义及可行性分析 (2) 掌握好赠品设计的相关知识	(1) 能够设计出好赠品 (2) 能够独立开展赠品促销

项目任务

任务：

(1) 以小组为单位，寻找日常生活中赠品促销的实例并对其进行分析，然后做成 PPT。

(2) 完成实践训练总结（请填在下表）。

班　级		姓　名	
任　务			
赠　品			
赠品促销案例			
赠品促销的成效			
分析的结论			
训练体会			

考核标准：

检查内容	评价标准	分值 / 分	得分 / 分
赠　品	赠品的创意	20	
赠品促销案例	内容的完整性	30	
赠品促销的成效	评价的正确性	30	
演　讲	表达能力	10	
分工与协作的能力	分工与协作的能力	10	
合　计		100	

知识准备

一、赠品促销的含义

赠品促销是指企业一定时期内为扩大销量，向消费者实施馈赠的促销行为，如图 1.1 所示。赠品促销是使用广泛也比较有效的促销手段之一，多用于在一定营销状况下，吸引消费者购买新产品、弱势产品和老顾客的重复购买。

图 1.1　超市赠品促销（买饮料赠送水杯）

也就是说，顾客购买商品时，商家以另外有价物质或服务等方式来直接提高商品价值的促销活动，其目的是通过直接的利益刺激达到短期内销售量的增加。

搞赠品促销活动，必须把握以下两个关键点：

(1) 消费者在购买时能够立即获得赠品。

(2) 所赠的物品具有很强的吸引力。

二、赠品促销的作用

商家“讨好、吸引顾客”是一种必要的销售策略，赠品促销就是策略之一。

赠品能直接给顾客带来以下两种实惠：

(1) 物质实惠。一定面值的货币能换取更多的同质商品，每个消费者都会很乐意。

(2) 精神实惠。也就是买后顾客得到了愉快的购后美感。这种实惠加深了顾客对该商家的印象，有利于增强商品的竞争力。

但在市场实践过程中，除产品导入期或特殊的节日期间，以及针对目标消费群外，很少有企业开展买赠活动。也就是说，对什么时候开展买赠活动要有个度，不能盲目地追随市场潮流。

各种形式的促销赠品如图 1.2 所示。

图 1.2　各种形式的促销赠品

一般认为，在下面两种情况下，买赠活动可能会产生一定的积极效果：

(1) 在产品导入期间，适当地赠送礼品，可以促成更高的初始销量。如果促销的商品有某种特别的优点时，人为地增加产品的接触面对于良性的口碑流传会产生积极影响。例如，某种刚上市的洗衣粉，有强去污、少泡沫的功能，特别强调少泡沫。在这种情况下，采用买赠的活动方式，可加大该商品的投放使用量，并经证明其确有少泡沫的优点，那么该商品在日后的竞争中就站稳了脚跟。

(2) 在营销策略需要的情况下，可以搞赠品促销活动。例如，很多商家利用“五・一”婚庆多这个促销机遇进行促销，新郎、新娘在本店或本厂家购买洗衣机、彩电等大件商品时，赠送“婚礼相册”等与新婚有关的礼品、礼包，这会在短期内促进大件商品的销售。

三、赠品促销的可行性分析

1. 合理性分析

除了在导入期或抵御高强度竞争等不得已的情况下，站在经济分析的角度上，赠品促销活动必须是盈利的。譬如说，如果卖醋送酱油显然是不合理的，因为这样做就没有了赠送的理由和经济盈利价值，赠品的实际目的也不能发挥。在开展促销活动前，要进行价值和利润核算，在有利润空间的情况下开展促销活动。

2. 便利性分析

买赠活动是由卖场来推行的，如何使消费者易于参与，如何使卖场易于操作是非常重要的。因此，一般此类活动场所应设置在中心地区卖场，对偏远地区，可运用邮购赠品的策略，尽量让活动延伸的面积大起来。譬如说，在一个偏远的小镇搞赠品促销活动，赠品给顾客的优惠不及顾客付出的购买成本（如路费、精力等），那就不能吸引顾客，活动的操作难度就会加大，效果也不会明显的。

3. 阶段性分析

任何赠品促销活动都应该是短期的，必须避免当期活动的拖延危害企业市场收益。从理论和实践来看，任何方式的营业推广都是不定期的、短期的，因为任何商家追求的都是最大的利润。如果长期有赠品，不仅给顾客一种产品卖不掉的感觉，而且不具有新鲜感，从合理性上讲也不符合企业经营所追求的目的。

4. 目的性分析

盲目效仿是一些小企业甚至大企业常犯的错误。市场上常常盛行促销活动“流感现象”，一家企业采用了某种促销活动，多家企业立即采取追随策略，有时候就具有盲目性。任何商家、产品都有自己的特点，就是同行业、同产品也有不一样的地方，因此，没有放之四海而皆准的促销策略。促销活动应能对企业营销策略产生深远影响，没有目的性的促销活动，最终是要宣告失败的。

总之，赠品促销前的分析是很重要的，只有合理、全面、周到地分析，赠品促销才会取得最佳效果。

知识拓展

一、TOWER 曲奇促销

TOWER 曲奇（图 1.3）在上海的市场，确切地说是“送”出来的。TOWER 曲奇在刚刚进入上海市场时并不顺利，作为一个新产品，经销商并不接受；作为外地的企业，要打开上海市场更不容易。因为无论是经销商还是上海消费者都不大接受外地品牌，除非你是“洋品牌”。即使有经销商接受了，开出的经销条件也不低，而且这些经销商实力相对较弱，不是 TOWER 真正想合作的伙伴。

图 1.3 TOWER 曲奇

为了打开上海市场，实在没有办法的 TOWER 动用了近万人次，总共送出价值 60 万元的产品。TOWER 曲奇上市策略极其简单，就是赠送，没有任何其他的广告支持手段。也就是这次赠送上市，在短短的不到一个月的时间，就形成了 TOWER 曲奇上海市场热卖景象，当年就实现销售额 3 000 多万元。

在当时，TOWER 曲奇的赠送力度不可谓不大，取得的业绩对于一个刚上市的饼干产品来说也不可谓不辉煌。这一赠送策略简述如下：

(1) 有重点地选择了一批零售店，作为赠送点。

(2) 对选择的零售点实行产品代销，卖完了再给钱。

(3) 为了降低成本，选择了在校学生作为赠送人员。

(4) 印制了极为简单的产品宣传册。

(5) 产品宣传册上除了介绍产品，还有售点说明。

(6) 赠送人员在铺了货的零售点见人就送。

很多消费者打开送到手里的 TOWER 曲奇一咬，很快就被 TOWER 曲奇的“香、脆、甜”折服，不少消费者就在就近的零售店购买，甚至成箱购买。于是，销售终端迅速启动，并形成热卖，原本还拿腔拿调的经销商反过头来追着要产品。然而，同样是 TOWER 的另一个饼干产品，高空广告打了 70 多万元，最终却只达到年销售额 200 多万元的业绩。

在现在看来，TOWER 曲奇“送”开市场的手段已经是小儿科了。但在 20 世纪 90 年代初，这样的上市手段的确别出心裁。

略作留意，我们不难发现 TOWER 曲奇通过赠送，顺利实现产品上市的策略，并非毫无道理可言。至少有以下玄机，在现在仍值得我们借鉴：

(1) 强大的产品力。“香、脆、甜”是 TOWER 曲奇的三大特色，这是区别于市场上其他饼干的独特点，在口感上绝对与其他产品相区别。当时的消费者对饼干的第一需求是好吃，TOWER 曲奇满足了消费者对饼干的核心需求。同时，甜味和奶香更符合上海消费者的口味，这些因素构成了 TOWER 曲奇在当时市场环境下的强大产品力。

(2) 产品同质化程度不高。不可否认，在当时市场环境之下，产品同质化程度低，相对竞争不是很激烈，产品一旦具备特色，很容易在众多品牌中凸显出来。

(3) 必要的促销准备。选择人流量大的黄金商圈的零售点作为赠送点，并且形成赠送点的网络化，有选择地覆盖上海市场，如此准备是为了既有重点又有选择地打动消费者，让消费者尽量在区域上分布合理。

(4) 渠道的“围魏救赵”策略。TOWER 曲奇最终的目的还是要让经销商经营该产品，在经销商门槛过高的情况下，先沉到经销商下层——零售终端，形成零售终端要货的局面，让企业在经销商面前由被动变主动，最终利用经销商网络，实现了快速拓市。

(5) 并非一送了之。在赠送过程中，TOWER 曲奇并不是一送了之，而是有了铺货准备，并通过产品宣传册对消费者详细介绍产品特色，并把消费者引到零售点，形成真正购买。同时，赠送的目的显然不是单纯地打动消费者，而是形成消费者对终端的拉动，最终打动经销商，从而达到快速拓市的目的。

TOWER 曲奇的赠送，至少可以看出了一个简单的赠送体系，并不是简简单单送完了事的盲目的市场行为。

（资料来源：http://www.em-cn.com/Article/2007/139610.shtml，有改动）

二、麦斯威尔咖啡促销

20 世纪 60 年代中期，美国麦斯威尔咖啡（图 1.4）在日本先后进行了 3 次大规模的样品派送，共送出咖啡样品 1 800 万份，派送办法就是把咖啡样品封装在 500g 装的面包包装内。

图 1.4 麦斯威尔咖啡

第一次派送时间是 1965 年 3—5 月，共 3 个月。麦斯威尔咖啡的生产厂家与日本第一屋制面包公司合作，把咖啡样品夹在 500g 装的面包包装内，送出了 200 万份样品，范围遍及日本全国。结果面包销量和咖啡销量都有惊人的增长，使得日本其他面包公司纷纷要求参加派送。

第二次派送时间是 1965 年 10 月到 1966 年 1 月，共 4 个月。麦斯威尔咖啡的生产商与日本 7 个地区的 7 家面包公司合作，7 个地区共送出样品 600 万份。

第三次派送是在 1966 年秋季。除第二次派送样品的 7 家公司外，新增了几个地区的 3 家面包工业公司。10 个地区的 10 家面包公司共送出样品 1 000 万份。

这一促销活动取得巨大成功，具体表现在：麦斯威尔咖啡销量猛烈上升，过去不卖咖啡的面包店都开始代销该产品，并把这种咖啡陈列在主要的、正面的货架上；面包店因销售附带了咖啡样品的面包，生意特别好；消费者品尝后，才知道马克威尔咖啡的味道是最好的，从此改变了消费习惯，认牌购买马麦斯威尔咖啡。

（资料来源：http://www.chinavalue.net/Management/Blog/2009-4-6/145298.aspx，有改动）

三、某超市促销活动计划书

活动主题	浪漫情人节，温馨货满特
促销时间	×××× 年 2 月 14 日
活动目的	通过买赠活动，增加情人节的节日购物氛围，提高顾客的满意度，间接地提高客单价，促进销售
商品范围	巧克力系列商品
活动内容	(1) 凡 2 月 14 日当日在货满特超市购买巧克力系列商品金额达 50 元以上（含累计）者，凭购物小票到服务台可获增玫瑰花壹支，不重复赠送，送完为止。 (2) 购买瑞士莲品牌的巧克力系列商品，可享受该品牌供应商的免费礼品包装服务
预期目标	当日巧克力系列商品的销售额达 20 000 元

续表

相关部门配合或注意事项	一、业务部 1. 物价质检组 组织楼层物价 / 综合组做好巧克力系列产品价格标识的悬挂、核对、检查工作。要求在巧克力系列产品的价格 POP、现场告示中注明原价、现价；加强巧克力系列产品的质量监督管理工作，质量不合格的商品不上柜销售，以确保企业的信誉。 2. 超市采购组 负责做好巧克力系列商品的备货订货工作；联系花卉供应商暂借花卉、草木布置巧克力商品的货区，联系品牌供应商做好相关的促销活动。 二、营运部 1. 楼层值班经理 (1) 组织各领班做好巧克力系列商品的上货、排面陈列，特价 POP 或价格牌的书写、悬挂工作，及时做好巧克力系列商品排面整理、补货工作。 (2) 从中庭的花卉供应商处暂借花卉、草木布置巧克力商品的货区，增添节日气氛。 (3) 悬挂好巧克力系列商品促销活动 POP。 2. 营运部服务组广播员收集，在卖场滚动播放超市巧克力系列商品促销信息。 3. 服务台负责联系总办领取用于赠送活动的玫瑰花 300 支，并做好相关的赠送工作。 三、市场推广部 (1) 负责超市巧克力系列商品促销海报（可以不同规格）的制作、悬挂，要求在商场大门口、超市入口、巧克力商品的货区、员工更衣室门口等各放置一面。要求在 2 月 11 日前完成，以达到将促销信息广而告之的宣传目的；要注明不重复赠送、送完为止。 (2) 协助布置巧克力商品的货区、增添节日气氛
持文部门	业务部：物价质检组、超市采购组；营运部：楼层值班经理、服务组广播员、服务台；市场推广部
备注	以上提供免费礼品包装服务巧克力系列商品的特定品牌有德芙、怡口莲等

起草部门：业务管理部　　　　　　　　　　审批：总经理办公室

任务实施

一、以小组为单位进行，确定组长，由组长分工并确定组员的工作任务。

二、根据实地考察，对如何设计一个好的赠品、赠品促销的类型、赠品促销的技巧、赠品促销成本与损耗控制等方面展开分析。

三、结合课堂讲解的内容，进行赠品促销的可行性分析，并提出合理化建议。

1. 如何设计一个好的赠品

赠品是争取消费者购买产品，提升业绩成长的法宝，它也是品牌之车提速的动力所在。此策略的运用得当，很有可能吸引消费者舍弃竞争品牌，换取长远的销售业绩。

赠品选择一般应遵循 3 条原则：保持与产品的关联性，设计程序简单化，不要夸大赠品的价值，即“看得见，拿得到，用得好”。

1）处理好赠品与产品、品牌的关系

(1) 赠品要有品牌提示的作用。很多企业一方面为自己的品牌传播而苦恼，另一方面又总是忽略赠品这个小媒体。因此，在不让顾客反感的基础上，企业应该把品牌的名称、LOGO、广告语等印制在赠品上面，让赠品发挥媒体的传播作用。

案例 1：百威啤酒和可口可乐在国内的一次联合促销当中的赠品，是印有百威啤酒或可口可乐商标的服装和刻有这种商标的玻璃器皿。

某品牌鲜奶开发了一种与新鲜屋包装一模一样的收音机作为赠品，效果也很好。

(2) 赠品要突出产品的卖点和定位。赠品要与产品的特性和定位相吻合，以便突出产品的功能和卖点，达到促销和宣传的双重目的。

案例 2：百事可乐的定位是“新一代的选择”，其赠品的设计就十分注意突出这一定位。韩日世界杯期间，百事可乐推出的球星造型和球星资料卡就很受年轻的球迷喜欢，为了集齐自己喜欢的球星，很多球迷大量地购买百事可乐。

(3) 赠品与产品要有相关性。赠品若与产品的特性或使用有相关性，则促销的诱因更大，并方便顾客使用产品。例如，购买袋装奶粉送储粉罐，有利于保存奶粉，防止受潮；购买咖啡送咖啡杯，方便顾客饮用；买牛奶送面包；买衬衣送领带；买鼠标送胶垫；等等。

或者，产品与赠品属于同一类用品，如同属于电器、家居用品等，这样在广告宣传上容易找到共同点。而类似于“买电脑送调味品”，把两件关联不大的产品凑在一起，难免在活动传播上会大费脑筋，而且不容易为顾客所记忆。

(4) 赠品不能喧宾夺主。商品是“红花”，赠品就是“绿叶”。赠品永远是为衬托、宣传商品而设计的。如果过分地哗众取宠，就有喧宾夺主之嫌，促销商品反而变为促销赠品了。

赠品对商品的衬托、宣传作用，主要体现在它们的搭配上，具体有以下两点：

① 价格搭配。赠品的价格要比商品低，要拉开距离。如购买一瓶醋，赠一瓶酱油，就不合理，这既不符合经济合理性原则，也让顾客对酱油的质量产生怀疑。

② 外形体积的搭配。一般来讲，赠品在体积上应小于商品，若赠品过大，而商品却小，就显得不协调。赠品遮盖了商品，就违背了促销的目的。一般认为赠品体积不宜超过商品的2/3。

2) 处理好赠品和目标顾客的关系

不同的产品，目标顾客也就不同，开发赠品时一定要仔细研究顾客的需求是什么。例如，奶粉的目标顾客是中老年人，他们喜欢的是实用性强的赠品，因此，雨伞、围裙、茶杯等日常用品就很受他们的欢迎。

开发赠品一定要考虑赠品除了即时地刺激顾客购买，还要让赠品能吸引顾客持续购买本产品，直至成为忠诚的顾客。赠品的开发最好能做到系列化，迷人的、成套的赠品可有效地增加顾客的重复购买次数。现在成套的赠品日渐流行，赠品不是由单件物品构成，而是由一套多件物品构成，如一套餐具、一套酒具、一套茶具、一套邮票、一串珍珠项链、一套厨房用具、一套书籍、一套玩具、一套化妆品等。

案例 3：美国一家商店规定，顾客每周在该店购物达到一定金额，可得到一套中国瓷器中的一件。顾客只有连续 20 多周光顾该店购物，才能得到这一整套中国瓷器。

麦当劳的 SNOOPY 娃娃就有很多款，而且都赋予了不同的年龄、性格、喜好等人性化的东西，小朋友为了集齐它们，也就会经常光顾麦当劳餐厅了。

某品牌的奶油，赠品是一本菜谱，在这本菜谱的40种菜式中，每一种都要求炒菜时加进这种奶油，这样的赠品同样能增加人们对这种奶油的消费量。

2. 了解赠品促销的类型

在连锁企业中赠品促销应用得非常广泛，例如，“买月饼送茶具”“买糖果送果盘”“买水果篮送鲜花”。顾客购买了促销商品，或在购买促销商品的数量和购买金额达到一定数额后，就可获得商家的促销赠品。

1）赠品促销的形式

(1) 顾客将商品的购物凭证或发票去换取对应的赠品，这种方式又叫包装外赠品促销，如图1.5所示。此种形式常在购物的场所服务区或收银台送给顾客赠品。

图1.5　包装外赠品实例

这种操作方式是基于两种情况：一是赠品在与商品捆绑时不易包装或包装不牢固，很多赠品在捆绑销售时容易遗失，或被损坏；二是这类赠品通常体积较大，无法与产品包装在一起，此时可以将其摆在产品附近，通过厂商促销人员或现场营业员提醒消费者购物时一并带走。

(2) 将赠品与产品一起通过生产环节一次性包装或通过促销专用包装第二次包装，让消费者在购买的过程中直接接触赠品或使用赠品，激发消费者即时购买冲动，这种形式又叫包装内促销。这类赠品通常体积较小，属于一对一单品搭档，价值略低。在考虑到安全、卫生的情况下，一般常用日用品、美容化妆类产品的赠品会与商品包装到一起，独立包装食品的赠品通常也独立包装。

2）赠品促销的具体方法

赠品促销方式成功的核心是消费者在购物时能够立即获得回赠。这种即得价值的“引力”直接触动了消费者购物的脆弱神经。

(1) 额外有价物赠送。例如，“买牙膏送玻璃杯”(图 1.6)“买洗发水送香木梳”等，消费者受到的触动是基于有价物赠品的使用性和现时个人或家庭需要的紧迫性，由于赠品和产品都是消耗品，所以它们相得益彰，使促销具有持续性。

图 1.6 额外有价物赠送

(2) 紧密关联结构物赠送。例如，“买水壶送茶杯”“买微波炉送耐高温菜盘和碗”等。产品和赠品在使用过程中关联性非常大，功能上本身就是搭档，所以消费者受到的触动就是其配套性，相对于别的产品显得非常超值，同时避免了重复购买的开支，一举两得。

(3) 情趣性附加价值赠送。例如，“买玩具送该玩具的动画片”，让产品和赠品在销售过程中促使消费者置身于一种情趣中，从而产生下意识的购买冲动。在心理学上这种技巧叫“晕轮效应”。

(4) 收藏性附加价值赠送。例如，“京剧脸谱收藏”“十二生肖收藏”等，这种赠品手段是基于消费者生活喜好或一时的风雅冲动，消费者这时已不是买产品，而是想得到赠品，因此他在购买时有强烈的目的性。

(5) 情景性附加价值赠送。例如，“买红酒送鲜花”“买生日蛋糕送特别音乐盒”等，消费者在购物时已经置身于该情景中，情绪很容易受情景影响而产生购买欲望。

(6) 可利用性附加价值赠送。例如，糖果罐设计成储币罐，奶粉罐设计成多用储藏罐，包装设计成书包、提袋、钱包、文具盒等，其新颖性和实用性是消费者选择的诱因。

(7) 超附加价值赠品赠送。赠品比产品在品质和形式上要值钱，这种促销形式在外企的品牌推广或促销活动推广中经常见到。例如，麦当劳等国际性企业，在推广过程中不但有清晰的推广目标，且对赠品在消费者心中究竟有何品牌价值诱因也设计得非常清晰，这也是其品牌成功的必然结果。

3) 实现促销的途径

赠品促销在操作过程中是基于消费者心理和消费行为的技巧性分析和针对性策略，这也是企业在具体操作促销时的思考方式。商家在把握促销出发点的正确性和适应性时，必须把握实现目标的路径，也就是关注竞争对手和关联过程的影响，便于实施的顺利。

(1) 借媒体广告的宣传，再跟上零售点的海报或POP的强化，两者相结合搭配，可以达到相乘的广告效果。因为当消费者在店内看到商品时，很容易与看过的广告相互联想。

(2) 用赠品对抗竞争品牌的价格折扣战或优惠促销等。

(3) 利用包装内奖品促销的方法，获得陈列架上突出地点的展示优待、增加陈列的视觉接触空间。

(4) 赠品一定是新颖、独特、契合促销主题且实用价值高而实际价格低的商品，能吸引消费者的注意力，增加顾客的好感，使消费者愿意购买提供赠品的商品。

3. 掌握赠品促销的技巧

1) 先声夺人——广告信息准确发布

在施行赠品促销之前，广告宣传的工作便是头等大事了，如果把赠品促销活动比作一场战争的话，那么，广告宣传就是“逢山开路，遇水架桥”的先锋部队。广告宣传的策划必须符合本次赠品促销的目标消费群体的地域、购买习惯、购买地点、兴趣偏好等，有的放矢地把促销的地点、方式方法、促销由头、赠品推荐等信息发布出去。

案例4：某公司在西南某城市举办大型促销活动，据说光是赠品就价值上百万元。在活动开始前该公司在当地的电视台、广播电台、报纸等媒体进行了大规模的宣传，定于在该市某公园举行。

然而天公不作美，那天一早，原来天气预报无雨的天空突然狂风大作，下起了滂沱大雨。该公司立即通知各媒体，将活动时间改为第三天。当地的分公司执行人员只是简单地在电视台做了一条文字广告。

到了第三天，企业摆出了强大阵容迎接顾客，上午只有稀稀拉拉的人群来拿走一些赠品，到了下午几乎就没有人来，大批的工作人员在现场闲得快发疯，这家企业前面辛苦准备的一切只好泡汤。

2) 引人入胜——突出赠品的独特卖点

送赠品的目的是什么？当然是要通过赠品吸引消费者购买企业的产品。因此，这就给我们提出了一个问题，你拿什么来吸引顾客呢？难道你送钥匙扣就说送钥匙扣，送顾客使用产品的小册子就叫小册子一本吗？毫无疑问，肯定是不行的。所以必须要给赠品取一个响亮得“大号”，叫起来既要响亮还要朗朗上口，最重要的就是还得与产品的独特卖点挂钩。

要想给赠品取个好名字，就必须首先摸清楚促销的目标消费群体喜欢什么，对什么敏感，最近有哪些热点使他们关注或兴奋，然后将这些元素与售卖产品本身的核心利益相结合。

案例5：宝洁在策划海飞丝洗发水赠品时，对于要送出的赠品中的一本薄荷海飞丝洗发指导手册，就为其命名为“清凉海飞丝至酷洗发秘籍”；而在向小店店主赠送售卖手册，又命名为“小店百事通”使小店店主觉得拿到这一本手册，购买宝洁产品就简单快速多了。

我们也时常在麦当劳、肯德基的赠品广告中看到，他们往往把几个世界杯球星的塑料小人像称为“超酷球星派对”等。

3）理性为先——凸显促销赠品价值

在通过赠品吸引消费者前来光顾促销和到卖场购买的策划中，商品本身为消费者提供的利益已经不再是唯一的诱惑点了。在卖场的“广阔天地”里，同规格、同功效品质相近的同类产品挤在一起时，消费者有很大的选择空间。在这时，凸显你的赠品价值就显得非常有必要了。

案例 6： 某商场在一次赠卡促销的宣传中这样表述，不要小看了这张优惠卡，当你开始使用它后，第一周它会为你支付从市内任何地方到本商场的乘车费，第二周它就会为你节省购买 50 元商品的现金。

4）情感助阵——适当炒作赠品价值

如果赠品比较廉价或者普通怎么办？其实在前面已经提到过，在消费品促销活动中，赠品的价值一般都不会太大，那就看如何宣传了。炒作价值和夸大价值不同，夸大价值是直白地告诉你这件赠品价值多少钱，过分的夸大令人难以信任。而适当的炒作赠品价值则需要从赠品的使用利益与情感利益等方面进行炒作。

案例 7： 宝洁公司某产品在促销时，促销的赠品只有两样东西，一个是价格不贵的相架，另一个是一把正反两面印有夏季如何有效防止紫外线照射的保护皮肤的护理小方法的太阳型纸扇。在宣传时，宝洁公司把小纸扇放在主要的位置宣传：“只要购买其中的任何一款产品，你就将获赠缤纷夏日防止紫外线护理秘籍太阳扇一把，保护您娇嫩的皮肤！我们还将给你意外的惊喜，同时你还能获得温馨无限的‘浓情相架’一个，它可以随意折叠随身携带，使您随时捕获精彩时刻。”

5）强化概念——赠品是附加值的体现

在进行赠品促销时，一些企业往往把概念颠倒了过来，或者说概念没有完全弄清楚，它们在宣传口径上常常这样说：只要您购买了多少价值的产品你就能获得什么样的赠品。这样往往给到消费者一种他支付的价值里面包括了赠品价值的概念。假设我们换一种口径来宣传呢？“我们这次促销的价格在同类产品里是很优惠的了，您今天购买产品能够会得到实实在在的优惠，而且，为了感谢您的光顾，我们公司还将免费赠送 ××”。哪种口径最能打动消费者呢？不言可知，肯定是后者了。因为他强调了“免费”这两个字，在感觉上，把前面口径里的“买了才能送”变成了后者的“不但买得实惠，而且还有赠品送”我们可以看到前后二者得本来意思是差不多，但是效果却是天壤之别。

6）借力打力——依靠外部现身说法

在赠品促销活动中，仅仅依靠企业的促销人员自说自话地宣传我们的赠品如何如何好、如何有价值还是不够的，在这时一些企业往往会采用利用产品代言人或者临时聘请的明星主持人等在公众中有一定影响力的人进行宣传。

事实证明，这种方法的效果是比较好的，虽然从某种角度上来看，这样的成本要比一般性的宣传要高，但是其所产生的影响也是很大的，特别适用于多区域的大规模赠品促销活动。而且通过这种方法宣传的赠品便可能具有较长时间的生命周期，不至于产生赠品在做完一次活动后就没用了的现象。

7）集中摆放——注重赠品陈列和展示

对于赠品与产品关联性的强调，除了通过现场的节目、游戏等方式操作之外，赠品展示也是行之有效的方法。例如，当准备向人们赠送一种用于盛装家庭日化用品陈列架时，就把所售卖的系列日化产品按照牙膏、牙刷、洗发水、香皂和沐浴露的顺序有序地陈列其上（用其他小赠品美化它），并且把这些陈列好的样品摆放获悬挂在醒目的位置。

8）欲擒故纵——设置悬念造成紧张感

在依靠赠品促销的活动中这种手法也是经常被使用的。尽量不要让消费者看到赠品过多堆积的场面，在兑换台和舞台上适宜仅摆放少量的赠品。舞台旁边或者兑换台角落等地方适当的摆放一些盛装赠品的空箱子；对于一些消费者非常喜欢的赠品则摆放更少。

4. 赠品促销成本与损耗控制的必要性

成本与损耗的控制决定着赠品的利用率和投入产出比。再好的赠品如果利用率或投入产出比不高，对于企业来说不光是成本的浪费，更会导致营销策略的失败和贻误市场时机。

1）赠品成本太高导致促销活动无法执行

很多中小企业在核算赠品的成本时比较简单，只是将产品成本加上赠品成本，如果还有一定利润空间就认为可行，其实赠品的隐性成本没有计算清楚。赠品与产品如何组合在一起、如何包装、如何运输、如何保管等问题上都有更多的成本支出，等到将计划变为现实活动时就发现促销成本远远高于预定的最高限额，不得不重新更改方案或者将买赠条件提高，由此活动不能按照预定计划执行。

案例 8：有一家日化公司为“买一赠一”活动开发赠品，光赠品成本就占到产品零售价的 20%，这样为产品推广预留的费用就全部花在了赠品上。为了执行该促销活动，公司仍然需要支付卖场活动 DM 费、堆码费等费用，最后整个活动只有改成“买二赠一”来缓解成本压力。“买二赠一”提高了赠送的门槛，活动效果就与先前计划的不能吻合了。

2）赠品的利用率不高导致产品销售成本过高

企业不是为了卖赠品而开发赠品，而是希望通过赠品的刺激，销售更多的产品。在没有适当的赠品控制制度的时候，销售人员会认为如果送一个赠品消费者不买，那我就送两个，反正赠品是“不要钱”的（其实不是自己的钱），只要保证销售业绩提升（销售业绩是与自己收入相关的）。可是对于企业来说赠品本身就是一种成本，如果单一产品搭赠的赠品超过计划数量必然导致成本超出预算，因此销售成本一再提升，吞噬了企业应得利益。

3）赠品成本失控导致利润率失控

赠品的成本是必须考虑的问题，没有成本的观念，赠品的开发将不切实际，或者有可能赠品很成功，然而投入却没有相应的产出。首先应该把赠品当作产品一样仔细核算，在保证一定利润空间的前提下确定赠品成本价格区间（单一赠品价格或是赠品总体支出）。这样可以避免赠品开发时的盲目性，不会出现“看起来好像”可以承受赠品费用，但实际操作时发现赠品费用过高，根本就不可行的情况。甚至更为严重的是导致产品利润率失控，原以为有钱赚，等活动做了才发现亏损。

现在很多企业看到别人采用了某一赠品非常成功，销售情况火爆，自己就盲目跟进，自认为别人送得起自己企业也一定能承受，而不是站在自己企业角度出发去核算和控制成本，往往导致利润率的失控。其实有时别人销售场面火爆也不意味着盈利较好，可能是新产品推广期的出血销售，或者别人有特殊的原因和渠道让自己的赠品成本价格低于正常的采购价等。因此，站在自己企业角度对赠品整个成本进行核算以便控制就非常必要。

4）赠品没有发挥应有的促销功能而错失销售时机

赠品的运用肯定不是盲目的，必定有一个目的，无论是推进旺季销售，还是清理积压产品等，赠品都有它的必然使命。但是如果赠品由于运用不到位或者被损耗，常常会影响整体的销售计划。

案例 9：某消费品公司为了支持各地区的“五·一”期间的销售，公司总部给各分公司都配给了一定数量的赠品，可是整个“五·一”期间的销售虽有提升但并不理想。原来，为了省事很多公公司将赠品保存在货架上产品后面，由于赠品是独立包装，而且没有条码和标价所以被盗严重；另外，有些内部人员也擅自将赠品留为己用或送人，造成了很大的消耗，所以主题促销活动的被大打折扣，错失销售时机。

5. 赠品促销成本与损耗的控制途径

1）控制赠品的时效性

赠品的价值不是一成不变的，随着时间的推移也必然发生价值变化。要根据销量预估能够消化的数量，如果仍然有多余的赠品，应及时通过促销活动予以处理。在决定赠品的采购量时，需要时根据销售情况追加，宁可不足也不要盲目乐观地过高估计赠品的需求量。以下几种类型赠品在决定采购时尤其需要注意：

(1) 时尚型的赠品。这类赠品时限性很强，当时是很流行的产品，可过一段时间市场上这类赠品多了以后对消费者的吸引力就不大了，促销价值大打折扣。

(2) 有特定时间限制的赠品。例如，过年期间企业喜欢将带有春节喜庆特征的产品作为赠品。可一旦消化不完就只能等到来年春节再拿出来当赠品了，包括“三·八”“五·一”“国庆”“春节”等特定节假的赠品都是属于此类。

(3) 容易贬值的赠品。例如，笔记本电脑、手机等电子消费产品作为赠品，一旦当时消化不完，而这些赠品本身的价值就不断下跌。

(4) 容易变质的赠品。有的赠品保质期很短（如一些食品等），存放时间久了自身就会变质。例如，某企业用香水干花瓶和液体艺术蜡烛做赠品，活动多余的赠品放在仓库，后来发现花瓶也不香了，蜡烛挥发后变了形，结果只好处理掉。

2）控制隐性成本支出

赠品除了本身的生产成本以外也有很多的隐性成本。

(1) 运输费用。无论是促销活动时将赠品运往活动场地，还是将赠品发往各地经销商，都必然有运输成本。

(2) 储存成本。如果赠品需要很长时间的消化，那么就会有仓储的成本。曾经看到一个生产部经理向老板投诉，他说市场部每次开发赠品的数量过多，没有及时消化，造成仓库的积压，占用了产品的正常存储空间，仓库存储造成压力。因此，在拟订赠品数量时一定要根据销售预期核算出一个合理的量；否则，多余的赠品除了本身是浪费以外还增加了额外的仓储成本。

(3) 赠品的包装。一是为了保护赠品可能会在每个赠品外面增加独立包装；二是为了方便存储和运输的外包装箱；三是赠品与产品属于套装形式，也要为赠品套装重新制作外包装箱。

对于以上隐性成本不可忽视，在拟订赠品计划时就必须深入地考虑：一旦采用该赠品，那么在整个赠品使用期间会产生哪些连带的费用，如何尽可能地避免这些费用，如果出现问题又如何将损失调节到最低……只有提前考虑这些问题才能很好地控制隐性成本。另外，预算成本费用时为不可见成本预留一定的费用额度，能将不可预见因素纳入计划控制之中。

3）控制赠品的流失与损耗

无论赠品目的是促进销售或是品牌宣传，赠品到达消费者手中才能实现它的价值（同理，针对经销商的赠品也必须到达经销商手中），但仍然有很多赠品并没有起到应有的作用。

(1) 赠品保存不当的损失。曾经有一个保健产品做摆台促销，卖场不负责保管赠品，促销人员觉得每天将这么多的赠品拿回家很麻烦，就擅自将赠品放在货架产品的后面，结果造成很多丢失。尤其值得注意的是，捆绑的赠品很容易被盗，一些消费者会把赠品从产品上拆下来带走，由于很多赠品是没有条码和防盗措施的，所以损失较大。

解决方式：如果是买赠促销最好采用套装，将产品和赠品形成完整的包装，并要考虑包装的坚固性，尤其是套装封口处要用黏合力强的黏合剂封好，避免偷盗者轻易将包装打开把赠品盗走；如果包装严密偷盗者是不敢破坏外包装而拿走赠品的。单独的赠品要求导购人员将其存放在有卖场人员管理的地方，或者自己带回家中。将赠品管理的责任落实到导购人员，是保证赠品不轻易丢失的一个必要制度。

(2) 赠品运输的损耗。如同产品在运输途中会有损耗一样，需长途运输的赠品也会产生货运损耗。有个企业曾选择玻璃花瓶作为赠品，非常精致，可是没有考虑到长途运输的颠簸和震荡的问题，结果发到外地经销商处就破损了近40%，这个损失只有让企业自己承担。

解决方式：首先，在开发赠品时就要考虑该赠品是否适合运输；其次，赠品的包装箱要能否很好地保护赠品在运输途中的安全。

(3) 赠品内耗。由于管理不严格，促销活动中的赠品被公司员工截流并不鲜见。很多企业分公司和办事处总是说总部的赠品支持太少，可是你却会发现很多的赠品被他们自己用掉，而不是用在消费者身上。还有导购人员故意向消费者隐瞒赠品，却将多出来的赠品据为己有。

解决方式：做好赠品领用、发放记录，要与销售情况相对照，不是给了赠品随便如何使用，而是对应赠品的消耗与销售增长必须一致。出台相应的赠品管理制度及处罚措施予以公布，配合定期的对账检查和随机抽查可以很好地遏制内耗问题。

(4) 赠品没有送到目标消费者手中。免费派发、游戏抽奖等尽管将赠品送给了消费者，但是其中很多不是目标群体，这同样属于损耗。有的促销活动专业户只要双休就到商场门口参加厂家举办的答题或游戏等促销活动，赢取赠品。

解决方式：首先，让各级人员明确赠品的目标消费群；其次，要求促销人员认真对待赠品发放问题，把它作为工作态度考核的内容之一与收入挂钩；最后，加强赠品派发的巡视和抽查，督促促销人员真正将赠品给予目标消费者，发挥赠品应有的效力。

6. 赠品促销的可行性分析

赠品要重视价值而非价格。企业希望赠品的成本较低，最好在所卖产品的利润空间之内；

而对于顾客来说，赠品的价值当然越大越有吸引力。因此，赠品的实际成本必须在企业可承受的范围内，但在顾客眼里看上去又要有比较高的价值。怎样才能做到达一点呢？

(1)“有价无市”的礼品往往成为首选。最有吸引力的赠品，是顾客只能从促销活动中获得而无法从其他渠道获得的赠品，这样的赠品会产生较强的促销力。

(2) 选择零售利润较高的商品作赠品。顾客看一个赠品的价值高低，往往是以它的零售价来衡量的。有的商品零售价虽高，但进货价却较低，批零差价大。在选择赠品时，应该选用这样的商品，如服装、化妆品、小家电产品、玩具等。

(3) 改造进价低的赠品。通过改造赠品可以提高赠品在顾客心目中的价值感，让顾客看不出赠品的真实价值。

(4) 选择厂家自己生产的其他产品。

(5) 好的赠品不妨要求顾客加钱。有的赠品很有吸引力，不妨要求顾客加钱才可以获得。这样厂家可收回部分成本，降低了总的促销成本。

(6) 赠品促销应以顾客参与活动的便利性为原则，赠品促销是由销售部门和卖场来推行的，如何让顾客易于参与，如何让销售部门和卖场易于操作也是非常重要的。

顾客的参与成本决定着活动参与程度的高低和活动的成败，参与成本越高，参与程度越低；反之亦然。顾客的参与成本包括其金钱成本、时间成本、人力成本。

顾客参与成本高低的权衡指标是顾客获得的赠品价值是否大于他付出的成本，这是一个相对成本。容易获得才可以激发大家参与，促销的“势”才容易造出来；否则，赠品让人感觉与自己无缘，那赠品只能算是“样品”。“可遇而不可求”是赠品促销时应该避免的。

任务成果

赠品促销实物分析——买牛奶送鸡蛋促销设计

曾宪锦、戴荣凤、林惠萍、郭橙璘、陈海琪、林小明*

一、为何牛奶赠鸡蛋

(1) 牛奶与鸡蛋是人们生活的必需品，是住宅区的热点。

(2) 根据调查，我国平均每天每个家庭需要 3 个鸡蛋。

(3) 牛奶与鸡蛋是相关联的商品，牛奶与鸡蛋打在一起加热更富有营养价值。

(4) 更为重要的是牛奶的价值大，利润高；鸡蛋的成本低，对于商家促销手段这样组合送赠品会比打折活动合算。

二、赠品促销的可行性分析

(1) 合理性分析：买一箱的牛奶赠送 6 个鸡蛋。

(2) 便利性分析：在交通便利，住宅区多人流量大的超市进行赠品促销。

(3) 阶段性分析：3 月 1—8 日。

---

* 本书“任务成果”均为学生成果，作者均为福建信息职业技术学院学生。

(4) 目的性分析：让顾客成为我们忠实者，让顾客能够真心实意地感觉到我们是以顾客至上。

三、赠品成本与设计的合理

(1) 成本合理分析。一箱特仑苏牛奶在各大超市卖场买 62 元，6 个鸡蛋也就 3 元，只占特仑苏牛奶的 5%，如此算来，既能把牛奶卖出去获得利润，又能把销量业绩搞上，一举两得。

(2) 设计合理分析。买牛奶送鸡蛋，是互补商品，相辅相成，具有完美性。

在服务柜台中凭着当日购买牛奶一箱，即可获得 6 个鸡蛋，如图 1.7 所示。

图 1.7　牛奶赠品促销现场

四、结论

用 SWOT 分析法，从以下 4 个方面阐述：

(1) S（优势）——牛奶与鸡蛋具有关联性，鸡蛋蛋白质含量丰富，对身体有好多好处，鸡蛋的吃法种类多。

(2) W（劣势）——鸡蛋容易破碎，牛奶与鸡蛋有保质期的限制。

(3) O（机会）——地理位置优越、人流大的居民区，超市大卖场促销，家中有高考生与老年人的人群更佳，对牛奶与鸡蛋的需求量大。

(4) T（威胁）——有其他企业做其他有关牛奶配玩具的促销赠品。

五、建议

(1) 如果有顾客不想要鸡蛋，可以使用 5 元购物券，但只能在规定地点内使用。

(2) 要是购买东西太多提不了，可以凭购物小票，活动期限内到指定地点领取。

(3) 注意事项：由于鸡蛋里含有胆固醇，这样会提高老年人患心血管疾病的概率，所以要尽量减少鸡蛋的摄入量，而儿童则是相反，他们正在成长阶段，可以适当增加鸡蛋的摄入量。

赠品促销的展示与分析

周月珍、孙翠兰、伍丽婷、王倩、龚伟鸿

赠品 1：牙膏、牙刷、牙杯套架（图 1.8）

图 1.8 赠品 1 实物

(1) 赠品来源：购买资生堂的洗发水时赠送。

(2) 促销时间：20×× 年 11 月份，送完为止。

(3) 赠送条件：购买资生堂旗下任意两件丝蓓绮系列的洗发水。

(4) 目标消费群体：比较注重经济实用的家庭妇女。

(5) 赠品成本：3 ～ 5 元。

(6) 内容及评价：资生堂的洗发水自上市以来，销售一直都不错，唯独丝蓓绮系列一直销量平平，没有真正在消费群中打开市场。由此，商家为了打开丝蓓绮系列的市场，让更多的人了解它，于是推出了这款经济适用的印有丝蓓绮标志的赠品。该赠品从外观看，是一个可爱的装饰小台灯，小巧时尚让人喜爱，但其实它是一个放牙膏、牙刷的套架，是一套比较实用、有趣的赠品。

首先，在日常生活中，我们的牙膏、牙刷一般都直接暴露在空气里，很容易沾染灰尘，这套赠品能很好地解决这个卫生的问题；其次，这种简简单单的套架设计，不仅卫生、实用、有创意，而且不怎么占空间，市场上类似这样的套架还是比较少见的；最后，在这套赠品红色底座上，印有资生堂旗下丝蓓绮洗发水的品牌标识，刷牙是人们每天必做的事情，这个品牌标识每天都能引起消费者的注意，起到了很好的宣传作用，也达到了销售商赠送赠品的目的。因此，这是一款比较好的赠品，比较有吸引力，不仅促进了销售，而且对品牌也有一定的宣传力度，在消费者手中也能体现它的价值。

赠品 2：小熊公仔（图 1.9）

图 1.9　赠品 2 实物

(1) 赠品来源：购买蜂蜜时附在礼盒里赠送的。

(2) 促销时间：20×× 年 12 月 12 日。

(3) 目标消费群体：喜欢可爱玩偶的女生及孩子们。

(4) 赠送条件：只要购买一罐蜂蜜就送一个。

(5) 赠品成本：蜂蜜的单价是 17.9 元，赠品的价格是 8 元左右。

(6) 内容及评价：这款赠品是屈臣氏新入驻的一款蜂蜜为了做新品推广，尽快打开市场，打响品牌知名度，占到理想的市场份额而做的一场活动。这款蜂蜜是礼盒装，赠品是一只小熊公仔，而且穿上不同颜色的外衣，看上去萌萌哒，可吸引女生和小孩子们的眼球，使其瞬间就产生购买的欲望。从我们得到数据可以看出，这款赠品推出一个星期后，蜂蜜的销量相当不错。虽然销量不错，但是这款赠品还是存在比较大的问题。

首先，在价格上搭配不合理，蜂蜜的单价是 17.9 元，赠品的市场价格却达到 8 元左右，这样的价格对比，让人对蜂蜜的质量产生怀疑，甚至不敢食用；其次，商品与赠品的搭配更是不协调，赠品体积明显大过商品，让人第一眼看到的是赠品而不是商品，容易导致后续消费者因赠品而购买商品；最后，这款赠品上没有蜂蜜品牌的 LOGO，既不能对这个品牌起到很好的宣传作用，也不能让消费者对这款商品有直接的深刻印象。因此，这款赠品没有达到厂商推广这个品牌蜂蜜的预期效果，也不能取得较大的利润，甚至无利润可言，从赠品促销整体上看是失败的。

项目二

折价促销

学习目标

知识目标	技能目标
(1) 了解折价促销的含义 (2) 理解折价促销的优、缺点 (3) 掌握折价促销的方式	(1) 能够根据实际情况选择折价促销的方式 (2) 学会确定合理的折价率

项目任务

任务：

(1) 以小组为单位，对连锁超市折价促销活动进行调研，并撰写调研报告。

(2) 完成实践训练总结（请填在下表）。

班　级		姓　名	
调查目的			
调查的方式			
调查的内容			
分析结论			
训练体会			

考核标准：

检查内容	评价标准	分值 / 分	得分 / 分
文本的规范	是否符合调研报告的文本格式	10	
调研的过程	目的是否明确	20	
	内容是否全面	30	
调研的结论	有没有分析过程，采用的分析方法及结论是否正确	30	
分工与协作的能力	分工与协作的能力	10	
合 计		100	

知识准备

一、折价促销的含义

折价促销是指通过使用折价券、商品特卖或者限时折价等方式，让消费者以低于商品的价格购买商品的一种促销方式，如图 2.1 所示。折价这种促销方式是超市使用频率最高的促销活动，可提高消费者对零售点商品的关注度，在促进超市的销售方面极为有效，它对短期销量的提升具有立竿见影的效果。

图 2.1 超市折价促销

二、折价促销的特点

1. 折价促销的优点

(1) 吸引消费者光顾超市连锁店。折价促销，特别是直接折价，最易引起消费者的注意，能有效促使消费者购买，特别是对于日用消费品，价格更是消费者最为敏感的购买因素。通过直接的商品折价能让消费者感觉“以最低的花费就可买到较大、较高价值产品”的印象。

(2) 抵制竞争者即将入市的新产品。大多数折价促销在销售点上都能强烈地吸引消费者注意，并能促进其购买的欲望。使本不打算购买的消费者趁打折之际购买产品，增加购买量。消费者家中货一多，自然对竞争者的产品兴趣锐减。

(3) 留住回头客。折价促销能够吸引已买过的消费者再次购买，以培养和留住既有的消费群，因为消费者都希望以尽可能低的价格买到尽可能好的商品。产品的折价就像特别向老顾客馈赠的一样，比较能引起市场效应。

(4) 帮助连锁超市处理过季存货。为了减少库存、加速资金回笼，为了能完成营销目的，商家也常会借助于折价做最后的冲刺。

折价促销可以说是对消费者冲击最大、最原始，也最有效的促销武器。不过，这样做只能在短期内迅速增加产品销量，提高市场占有率，并不是连锁企业提高竞争力的长久之计。

2. 折价促销的缺点

(1) 经常性的折价会损害商品品牌的形象。连锁企业经营的商品如果经常进行折价销售，往往会让消费者对折扣价格习以为常，而认为商品本身就值这么多钱，原来定价过高；或认为经常打折的商品质量低于售价高的竞争品牌。折价影响了商品的品牌形象，若消费者习惯了某商品的经常折价，其促销效果也就微乎其微了。

(2) 经常性折价会使商品难以全价销售，频繁的折价销售，使消费者对价格变得更为敏感，让顾客产生“每件商品最终都会降价”的感觉，让消费者习惯折价而不乐意以全价购买商品。因此，消费者会倾向于推迟购买他们原本会以全价购买的商品，直到他们可以获得价格折扣。这样，反倒不利于扩大销售。

(3) 经常性折价不利于建立消费者的忠诚度。折价销售最能吸引的是那些对价格关注度高的消费者，一旦折价促销结束，他们会马上转移到其他折价促销的商店。

(4) 折价促销易引发价格战。调整价格是市场竞争中最简单、最有效的竞争手段，折价促销容易引起竞争对手的强烈反击，引起恶性价格竞争，不利于维护商品价格形象和维持企业合理的利润。

三、适合采用折价促销策略的产品

(1) 品牌成熟度高的产品。品牌的价值众所周知，折价优惠让消费者真实地感受到连锁企业给顾客带来的利益。

(2) 消耗量大，购买频率高的产品。这类商品，消费者对价格最为敏感，折价销售能极大地刺激消费者购买，增加销售量。

(3) 季节性很强的产品。企业为加速货币资金的回笼，避免库存占压，折价销售能吸引消费者实时购买。

(4) 产品接近保质期的产品。这类商品及时折价销售，既给消费者带来实惠，又避免了企业的损失。

(5) 技术 / 包装 / 产品形态已属于弱势的产品。折价销售可以在短时间内清空库存，进行品牌形象的转换。

知识拓展

一、折价促销的形式

1. 限时折价

超级市场在特定的营业时间内提供优惠商品销售的措施，以达到吸引顾客的目的。进行限时折价时，要将折价商品以宣传单、广播等形式告知顾客，如图 2.2 所示。限时折价的商品折价率一般在 3 折以上，这样才能对消费者形成足够的吸引力。

图 2.2　限时折价标识

案例 10： 某超市连续多年创造了不俗的经营业绩，在同商圈的超市竞争中，始终处于领先的地位。除价格优势外，该超市采取的灵活多变的应季性营销手段产生了良好的效果。某年夏天，当地天气异常炎热，到了晚上居民不愿闷在家里，纷纷来到室外消暑纳凉，该超市适时推出了“夜场购物”，将超市的闭店时间从原来的 21:30 延长至 24:00，同时，在这一时段，将一些食品、果菜等生鲜品类打折销售，既为附近居民提供了纳凉的好去处，又低价促销了大量日配商品，很快就赢得了广大消费者的欢迎，也吸引了不少附近商圈的居民来此购物。此举使其在这一商圈的同业竞争中一举胜出。

2. 折价券销售

折价券（又称优待券或优惠券，如图 2.3 所示）是一种证明，证明持有者在购买特定商品时可凭此券按规定少付一些钱。折价券促销是指以折价券为购物凭证，消费者在购物时可以享受一定折价优惠的促销方式。折价券一般需要通过各种媒介送达消费者手中，其优惠幅度如果能够引起消费者兴趣，消费者会予以收集保留，以便在下次消费时使用；如果优惠幅度较小或不符合消费者的即时需求，则不能引起消费者的兴趣。超市折价券的使用通常在于扩大影响力。

1）超市折价券的发放渠道

(1) 直接发送。即超市通过登门拜访、街头拦送、店内派送等方式将折扣券送到消费者手中。这种方式的优点是折扣券的送达率能够充分保证，而且由于超市在发送折扣券时，对于发送对象是有选择性的，通常是商圈范围内的消费者，所以使用率也会相应提高。

图 2.3　折价券标识

(2) 媒体发送。即通过在报纸、杂志上刊登广告的形式，让更多的消费者知晓超市的促销活动，凭剪角到超市购物可享受折扣优惠。由于报刊读者具有一定的特定性，所以超市在选择这些媒体时要有针对性，比如晚报及晨报类的报纸、生活类的杂志读者群中关注购物的比率很高。但是，这种传播方式成本较高、传播路径较长，实施起来效果并不理想。

(3) DM (Direct Mail) 发送。即直接邮寄发送，超市在卖场中选取 200 ～ 300 种商品，主要是顾客敏感的商品，以超低的价格出售，并将印刷精美的商品手册派送给潜在顾客，以吸引顾客前来购买，同时带动其他商品的销售。DM 商品通常每 15 天换一次，商品价格在本期 DM 结束后要马上恢复至原位。超级市场在进行 DM 发送时，应注意有针对性地向目标顾客寄送广告，从而使广告效果提高。

注意：关于 DM 促销的含义，详见项目五介绍。

2) 折价券的适用范围

(1) 产品价格比市场上同类产品价格高。相对直接降价，折价券可以避免对品牌形象的冲击。

(2) 差异化不明显的产品。为培养消费者对品牌的忠诚度，对差异化不明显的产品，可以通过长期采用折价券来促销。

(3) 消费者对产品的价格敏感度高。使用折价券能够有效地刺激消费量的增加。

(4) 推广新产品或开拓新市场。运用折价券能够刺激消费者使用，从而实现第一次购买。

案例 11：某超市以会员为对象，以月为单位展开 DM 商品宣传，并把每一期的 DM 商品录入电脑。在每次活动结束后，从电脑中跟踪分析 DM 商品的销售、毛利同比，销售、毛利份额比，会员购买比例、折让比例与销售上升的比例等指标，以此来分析顾客的潜在需求，顾客对价格的敏感度，检查 DM 商品的组合策略，定价策略，进而为调整 DM 商品组合，促销价格的制定提供决策数据。该超市对 DM 商品的制定、调整与销售，已带来了回报：公司会员消费比例由原来的 15% 上升至 50%，DM 商品的销售占总销售的份额由原来的 4% 上升至 9% 左右，会员价商品的比重由原来的 12% 增加到 72%，总销售额也日攀新高。

3. 商品特卖活动

商品特卖是超市在某段时间内，让一种或多种商品的价格下降幅度非常大，让消费者感受到实实在在的优惠，达到吸引消费者的目的，如图 2.4 所示。

图 2.4 商品特卖标识

实施商品特卖活动时需要注意以下几方面的问题：

(1) 特卖商品的选择。由于特卖商品的作用主要是吸引客流量而并非盈利，所以在选择特卖商品时，需要选择那些能够对大众产生吸引力的商品，而不是特定消费群体。日用生活品，如果盘、炒锅、暖瓶、卫生纸、洗衣粉等都可以作为特卖商品来促销。

(2) 特卖商品的供应量。特卖商品的供应量应该充足，以产生足够的客流量吸引力。

(3) 特卖商品推出时间。目前，特卖商品促销已经成为店家的主要折扣手段，一般的超市每天都要推出一款或多款特卖商品。一些大型综合超市，特别是沃尔玛、家乐福等外资超市每天都有不同品类的多种特卖商品推出。

(4) 特卖商品的降价幅度。特卖商品的降价幅度一般不能低于 20%，并且在商品标签上作特价表示，如用锯齿形、旗帜形 POP 广告做显著说明。在进行特卖商品的陈列时，特卖商品的陈列位置应该突出醒目的特点，一般在第三磁石点、第五磁石点的位置较好。外资超市尤为重视特卖商品的陈列，它们将最吸引人的特价品放置在商场入口特设的陈列架上，其余的则分别陈列在店内各处，力求使消费者走完商场一周，才能全部看完商场推出的特价品，这样无形中延长了消费者的逗留时间，促使消费者在寻找特价商品时顺便购买其他的非特价品。

注意：磁石点理论式基于顾客心理、经实践验证而行之有效的理论，对超市商品陈列有很强的现实指导意义。第一磁石点位于生通路的两侧，第二磁石点位于通路的末端，第三磁石点指的是端架的位置，第四磁石点指的是卖场副通道的两侧，第五磁石点式位于结算区（收银区）前的中间卖场。

4. 购物返券活动

购物返券是在超市购物满一定数额之后，凭购物券到超市指定地点领取相应数额的购物券，例如“买 100 送 20”，即是购物达到 100 元，便可获得 20 元的购物券，可以在超市里购买其他商品，如图 2.5 所示。购物返券相当于在原商品价格基础上打了一个折扣进行销售，但是增加了消费者在超市内的滞留时间，扩大了商品的销售额。

图 2.5　购物返券标识

案例 12： 某地华联将大力度的促销作为经营的手段之一，广泛地促销活动是其提升业绩争取顾客、积极参与同业竞争的有效手段。华联特别注意在“元旦”“春节”“五・一”“国庆”等节假日上做足、做好促销文章。国庆期间，该华联进行了一次大规模的商品促销战役——购物满 100 元送 40 元购物券活动，活动取得了较好的效果，10 月 1 日当天，A 店销售 318 万元，B 店销售 211 万元，C 店销售 113 万元，三店均创造了各自开业以来的销售新纪录。该华联靠低价实现了集客目标，靠巨大的销量从厂家获得可观的返利，同时通过足够低的毛利将一部分找厂家进货的客户吸引过来，从而带来更大的销量，形成良性循环，做出了超市低价的概念。

案例 13： 某品牌男鞋专卖店，推出为期 7 天的“庆开业全场 5 折，进店就送礼，免费试穿”活动，活动前期发放了 2 万份宣传彩页，在两条主干道上悬挂上百条过街条幅。据悉，该品牌某市专卖店专门为此次活动准备了 10 双皮鞋试穿和 500 套市场价为 15 元的套装鞋油。

同一条街杂牌服装店老板：“做品牌就是赚钱啊！看看人家，这手笔多大，肯定有厂家支持，这阵势，最少要 2 万元花费吧。图什么啊，不如拿来进货。”

同一条街另一品牌鞋店老板：“不就是几万份宣传单，几百盒鞋油嘛。宣传单 0.1 元一份，鞋油顶多 3 元一盒，花不了几个钱。再说了，这宣传力度肯定有总部支持。得，我也搞，别让他把人全引过去了。”

隔壁街一药店女营业员：“有这好事，咱也去看看吧。上面写了，就是不买也能落盒鞋油，反正后天要逛街，去看看吧。”

同药店另一女营业员：“就是就是，人家说了 5 折，400 元的鞋现在 200 元，要真是这样，我就给我家那口买一双，让他也穿穿这高档鞋。”

一位正在逛街的中年人：“什么 5 折啊，把价格抬高了再打折，糊弄我们消费者呢。”

活动开始了，在店门口电声乐队震耳欲聋的乐声中，在川流不息的客流中，该品牌某市专卖店创造了开业当天销售54双，预订10双，7天共销售262双的销售纪录。

热热闹闹的开业活动过去以后，该品牌皮鞋某市经销商一算账，减去4.8折的进货成本，宣传费用（总部未报销）、房租、营业员工资等费用，不但分文未赚，反而净赔5 000多元。更令人苦恼的是，试穿的皮鞋都被穿得变了形，由于店内人太多，营业员忙不过来，还丢了4双。

该经销商越想心里越不是滋味，终于忍不住向上级公司打电话，当他向市场部提出以上问题时，却招来市场总监劈头盖脸的训斥："做品牌就是这样的。不要看眼前的赚与赔，眼光要放长远。品牌的塑造是一个长期性、持续性的活动，我运作品牌很多年了，这种情况是很正常的，进入新市场要先打开知名度，做一点牺牲是值得的，而且我们马上就有后续活动跟上。你看，这次活动曝光率多大呀，我做鞋8年了，还从来没有见过高档皮鞋专卖店开业有那么多人的，连报社都惊动了，还连续报道了2天，我们一下子就打开了局面了。做品牌不是摆地摊，要往长远看，不能太短视！这次活动的效果这么好，你的库存不多了吧，赶快进货，打铁要趁热。对了，先打点款过来，账上没钱怎么发货啊，你的货早都备好了在仓库放着呢，款打过来就可以发了。"该经销商刚放下电话，就听到一个顾客和营业员的对话：

"你们的鞋不是5折吗？"

"对不起，先生。我们前几天开业促销活动确实是全场5折，现在活动时间已经过去所以恢复原价。"

"哦，那你们现在几折？"

"不好意思，先生。我们是品牌皮鞋，全国统一零售价，不打折的。"

"是这样，那，我再看看吧……"

二、折价促销计划

促销活动计划书范例

一、主题

激情夏日大特卖，新华都流行百货低至7折起酬宾

二、时间

××××年7月11—29日

三、商品范围

一层新华都流行百货的全场商品

四、促销目的

当前，天气的炎热，又逢零售业淡季，白日购物的顾客人数急降，为吸引客流、刺激消费，提升、扩大新华都流行百货的企业形象和美誉度，以及所经营商品的品牌形象及知名度，提高新华都流行百货的销售额。我公司于7月11日—29日期间举行"激情夏日大特卖，新华都流行百货低至7折起酬宾"促销活动。

五、销售目标

促销期间的日均销售额达到13万元，平均毛利率控制在16%左右。

六、促销活动内容、方式

好礼一：流行商品8折幅度起酬宾，持贵宾卡可低至7折起

(1) 在活动期间，凡在一层新华都流行百货购满服装、鞋、皮具箱包、床上用品、童装、发/服饰品、眼镜专柜等的正价商品（即原VIP卡8.8折的商品）至少8折幅度优惠酬宾活动，钟、表、笔、照材、刀具等专柜的正价商品（原VIP卡9.5折的商品）至少9折优惠酬宾活动，珠宝、玉石等专柜的正价商品至少8.8折优惠幅度酬宾，手机、数码相机等专柜的正价商品（VIP卡9.8折）至少9.8折优惠幅度酬宾销售，以上商品的酬宾折让部分由供应商承担。

(2) 凡在活动期间，持有新华都流行百货VIP卡者；《××晚报》“新华都流行百货当日VIP卡”的报纸剪角；新华都的老顾客凭活动期间的新华都购物广场的消费金额达50元以上有效购物单据（新华都购物广场二、三楼新华都超级市场的电脑小票或一层新华都流行百货的缴款单）到一层新华都流行百货消费可在以上流行正价商品8折幅度起酬宾促销折让的基础上再享有VIP卡折让幅度，不享受积分，该VIP卡折让部分由我司承担。

(3) 特卖品及DM特销品、全国统一活动的品牌商品（部分化妆品、钟表、名笔）不重复参加以上的优惠酬宾活动。

好礼二：倾情大特卖低至1～3折，7月真品低至5折惠乡梓

(1) 新华都流行百货特精心为广大消费者挑选近百款夏季流行单品，以低至5折的优惠幅度让利销售，在店内海报上刊登相关商家特销品。

(2) 活动期间新华都流行百货特精心为广大消费者挑选几个知名品牌夏季商品，以低至1～3折的优惠幅度让利销售，在《××晚报》刊登相关商家特卖商品。

七、宣传、广告及费用预估

在《××晚报》的8cm×20cm版面进行广告的投放，费用6 460元，其中供应商承担4 760元。

八、配合部门的相关要求及活动说明

(1) 本次活动范围仅限于一层新华都流行百货。

(2) 顾客购物后可凭电脑小票或缴款单到一层中庭新华都商务中心领取VIP卡、赠品/券。

(3) 以上酬宾活动的销售商品、赠品/券一律以现场实物品为准，售/送完为止。

(4) 本次活动的解释权归属××新华都购物广场有限公司。

九、说明

以上促销活动计划书的相关内容一经各部门确认，公司领导批准即可执行，各部门在执行过程中若有需调整的或协调事项应及时上报公司解决，不得隐瞒或私自变通执行，否则应对由此造成的不良促销效果负责。

××新华都购物广场有限公司

××××年××月××日

起草：×××　审批：×××

任务实施

一、以小组为单位进行，确定组长，由组长分工并确定组员的工作任务。

二、开展调研活动。

三、根据调研的过程撰写调研报告。

1．折价方式选择应考虑的因素

1）折价成本

不同的折价方式其折价成本是不同的。例如，附加赠送方式与套仓折扣，通常需要对促销产品进行特别处理，如分开包装、合并包装或分开存储、分开陈列等。因此，材料及处理过程的成本、存储成本及陈列成本都会相对提高，从而引起整个折价成本的上升。

2）厂商的接受程度

由于在折价促销活动中存在对商品的处理问题、存货的处理问题、结算问题等，折价促销方式并非总能得到厂商的支持。

3）折价优惠的时机

每次进行折价促销活动，应尽量“师出有名”选择节日、主题活动等，并且要限期促销，这样不会对企业形象造成影响。

2. 折价率的确定

折价率如果过低，对消费者的吸引力不足，无法达到促销的目的；折价率过高，则影响企业的利润。一般来说，折价率应在 10% ～ 20% 才会有效果。

确定折价率需要考虑以下因素：

⑴ 产品类别。一般而言，选购品的折价率幅度要大些，才会对消费者形成强大的吸引力。

⑵ 品牌知名度。知名度低的折价率要大些。

⑶ 商品的生命周期，新品牌运用折价促销的成效优于老品牌，则新的品牌折价率可以小些。

⑷ 市场占有率。市场占有率低的商品折价率要大些。

⑸ 消费者类型。对新顾客折价率高才会有吸引力，对老顾客，折价率可以低些。

⑹ 购买数量。可根据购买的数量的多少给予不同的折价率，一般购买量大的，应给予更大的折价率。

3. 折价促销的时机的确定

⑴ 选择正确的促销时机。如饮料的折价促销可以选择在夏季或者节假日。

⑵ 活动的时间以 2 ～ 4 周为宜。要考虑消费者正常的购买周期，若时间太长，价格可能难以恢复到原位。

⑶ 折价促销的广告简单、准确，不要用花哨的形式。

4. 折价标识的采用

折价标识是为了吸引消费者注意折价商品，明确折价优惠的幅度，最重要的是让消费者一看就知道折价是多少。折价标签的设计要求简单易懂、美观、清晰，最常用的有以下几种：

⑴ 折价标识在商品的标签上。设计此类标识时应特别注意，标识的大小不能盖过品牌商标，能让消费者一看即知就够了。

⑵ 折价标识在软包装上。

(3) 折价标识在联结式包装上。

一般而言，折价标识越简单、易懂，效果越好。

任务成果

关于乐蜂网桃花节折价促销活动的调研报告

张碧春 、纪任方、钟乃瑞、谢淑玲

一、调研目的

为了了解购物者对乐蜂网桃花节商品促销的看法、评价及关注度，我们对乐蜂网的桃花节活动进行了深入的调研。

二、调研方法

上网查找图片、收集有关资料。

三、调研时间

×××× 年 2 月 27 日—3 月 16 日。

四、调研对象

全网对乐峰桃花节有关注的网友。

五、活动背景

自 2012 年起，乐蜂网每年在 2 月底至 3 月底举办为期一个月的全网“桃花节”促销活动。一个月中，乐蜂网的化妆品、服装、箱包等产品进行大规模力度的打折促销，同时伴有大量话题和专属女性的解决方案提出。乐蜂网“桃花节”也成为化妆品垂直电商中一年一度最大规模的商业活动。由乐蜂网定义的“桃花节”，不再是一个只有粉色桃花漫天的实体节日，它集合了女性对桃花运、桃花妆容、正能量、爱情等心理集合，在为期一个月的桃花节中，将从方方面面满足消费者的渴望和需求。

六、调研内容

(1) 活动时间。乐蜂桃花节的促销时间长达 3 月这一整个月份，3 月是春天到来之际，桃花节这一名称刚好符合春天这一季节气息。

(2) 活动的商品。桃花节促销期间也刚好遇到了“三・八”妇女节，对于乐蜂网这样主打化妆品、香水、鞋靴包袋、时尚女装、珠宝饰品等女性用品的网站更是不可错过的促销时机。

(3) 商品折价的范围。乐蜂网折价促销的商品包括全网所有的商品，面部护理、彩妆香水、身体洗护、食品保健、时尚女装、鞋靴包袋、珠宝饰品七大类商品全都包含在内。

(4) 乐蜂网打折促销的形式。包括直接降价（图 2.6）、数量折扣及抽奖、限时打折（图 2.7）。

图 2.6 直接降价促销

图 2.7 限时折扣促销

七、调研分析

(1) 比较乐蜂网商品打折前后的价格，以美宝莲精纯矿物奇妙新颜乳霜（BB 霜）这一件物品为例子来对比乐蜂网商品打折前后的价格优惠，如图 2.8 所示。

(a) 打折前　　(b) 打折后

图 2.8 美宝莲 BB 霜打折前后价格对比截图

(2) 打折期间消费者对乐峰商品的评价。关于消费者对于打折促销期间商品的评价，也是以美宝莲的 BB 霜来作为例子说明，如图 2.9 所示。

图 2.9　消费者对于打折期间购买的 BB 霜的评价

(3) 关于桃花节期间乐蜂网的流量，如图 2.10 所示。

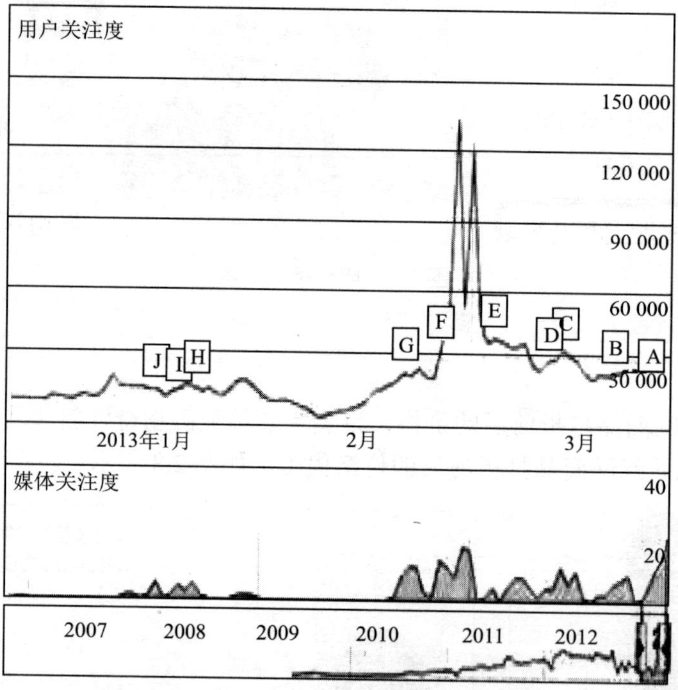

图 2.10　桃花节期间乐蜂网的流量图

八、调研结论

带着“了解购物者对乐蜂网桃花节促销商品的看法、评价及关注度”这一问题，我们小组最后得出结论：乐峰桃花节的举办受到消费者的高度关注，而且 90% 以上的消费者对于桃花节期间折价促销商品的价格及质量都很满意。

(1) 乐蜂网采用的打折促销方式都能很直观地让消费者了解到打折促销的力度，而且购买部分商品还能参与抽奖活动，这对于女性消费者的吸引力更是大增。前面举例的美宝莲BB 霜在之前折价的基础上又再次降价，价格低到前所未有的地步，足能够证明这次乐蜂网是下了“血本”在举办桃花节。

(2) 桃花节期间购买的商品的评价，有 94% 的消费者对于商品都是好评的。这也说明了桃花节的促销是成功的。

(3) 乐峰桃花节开始当天用户浏览量的暴增，说明了就算桃花节最后没有赚到多少钱，也引起了大量消费者的关注，这就是成功的。

不足：乐峰桃花节跟聚美优品的周年庆刚好都在同一时间，折价促销的时间一样，导致折价促销所要达到的效果减半；桃花节时间长达整整 1 个月，促销时间过长会使得消费者对于商品折价后的价格麻木，在购买时犹豫不决。

意见：或许可以把桃花节换成荷花节，在不一样的时间达成更好的促销效果；也可以适当把促销时间缩短，降低促销成本。

沃尔玛 ×× 店折价促销调研报告

林东艳、朱伟鹏、曾凤玲、林雅颖、余兰芳

一、调研目的

了解沃尔玛折价促销商品的选择。

二、调研方法

实地考察，3 月 16 日，小组全体成员分别到 ×× 永辉超市、×× 沃尔玛超市进行实地考察，最后决定以 ×× 沃尔玛作为实地考察对象。

三、调研内容

1. 折价促销代表性商品

折价促销代表性商品有纸巾——清风原木纯品（图 2.11）和洗发露——潘婷洗发露（图 2.12）。

图 2.11　促销商品——纸巾

图 2.12　促销商品——洗发露

2. 对比商品

对比商品有心相印纸巾（图 2.13）、沙宣洗发露（图 2.14）、曼秀雷敦薄荷唇膏（图 2.15）、妮维雅唇膏（图 2.16）、立白护理洗衣液（图 2.17）和蓝月亮洗衣液（图 2.18）。

图 2.13　心相印纸巾

图 2.14　沙宣洗发露

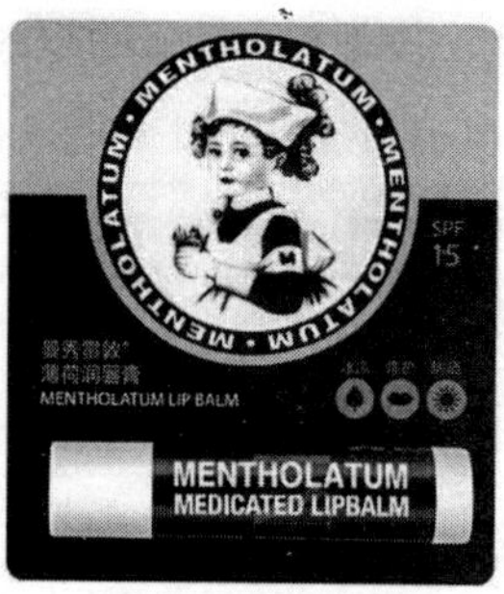

图 2.15　曼秀雷敦薄荷唇膏

图 2.16　妮维雅唇膏

图 2.17　立白护理洗衣液

图 2.18　蓝月亮洗衣液

四、调研分析

以上几种折价促销商品的对比分析见表 2-1。

表 2-1　几种折价促销商品的对比

	纸巾		洗发露	
品牌	清风原木纯品	心相印卷纸	潘婷洗发露	沙宣洗发露
价格	原价 28.8 元 现价 17.8 元	现价 30.3 元	原价 64.8 元 现价 48.8 元	现价 77.9 元

续表

	纸巾		洗发露	
产品定位	经济实惠的家庭装	品质上乘的年轻人	中、低层收入的女性消费人群，以及20岁以下的学生群体	国际美发先锋
产品特点	无味健康，采用100%原生木浆，厚度适中，韧性强，可反复擦拭	每节打孔清晰，卷长足，纸质柔软，卫生舒适，吸水性强	营养	保湿

	唇膏		洗衣液	
品牌	曼秀雷敦薄荷唇膏	妮维雅唇膏	立白护理洗衣液	蓝月亮洗衣液
价格	原价23.9元 现价18.8元	现价28元	原价49.9元 现价43.8元	现价51.8元
产品定位	大众时尚品牌领先	平民化	非专业洗衣用品，市场份额却持续增长	家庭清洁剂生产的专业品牌，市场份额全年第一，洗衣液的领军者
产品特点	滋润，保湿，防晒，修护	天然保护膜，防水	能耗低，更加能环保	遵从轻松清洁，解放劳力的品牌宗旨，以及高效、轻松、保护的品牌个性

五、调研结论

1. 沃尔玛主要促销的商品

根据小组的调查结果，我们可以看出，沃尔玛这一档期主要做的折价促销商品是生活用品和换季商品（如纸巾、洗发露、洗衣液和衣服等）。

2. 选择这些商品的理由

(1) 选择清风纸巾做折价促销商品的理由。首先，最近这个时间段学校开学，学生需要大量的生活用品，而且春季马上就要来了；其次，从上面的调查对比可以看出，为什么选清风纸巾来做折价促销商品，原因有三：一是商品本身的特性，二是“清风”与“心相印”的市场定位不同，三是为了将自己产品100%原生木浆、符合现代消费者的原生态消费观念宣传出去。

(2) 选择潘婷洗发露做折价促销商品的理由。一是商品本身的特性；二是为了挽回商品本身的信誉度；三是符合沃尔玛这一档期的理念：“冬天过了，春天来了，头发需要更多的营养”，而潘婷洗发露主打的就是营养。

(3) 选择曼秀雷敦唇膏做折价促销商品的理由。一是商品本身的特性；二是曼秀雷敦这款薄荷味的唇膏是早期的产品，产品本身不是很热卖。

(4) 选择立白洗衣液做折价促销商品的理由。一是商品本身的特性；二是它自身的市场定位；三是为了争取更多的市场份额；四是为新产品打入市场做准备。

项目三

竞赛与抽奖促销

学习目标

知识目标	技能目标
(1) 了解竞赛与抽奖促销的含义 (2) 了解竞赛与抽奖促销的特点与种类 (3) 了解竞赛与抽奖促销的差异	(1) 能够制定竞赛与抽奖活动规则 (2) 学会进行活动的成本预算及设置合理的奖品 (3) 学会策划竞赛与抽奖促销活动计划书

项目任务

任务：

(1) 以小组为单位，以全班同学为消费者，策划一个有奖竞赛活动或抽奖促销活动方案。

(2) 完成实践训练总结（请填在下表）。

班　级		姓　名	
任　务			
奖品设置			
促销主题			
竞赛与抽奖活动规则			
促销预算			
训练体会			

考核标准：

检查内容	评价标准	分值 / 分	得分 / 分
促销主题	主题是否合理	10	
奖品设置	奖品设置是否合理	10	
竞赛与抽奖活动规则	竞赛与抽奖活动规则制定得是否合理	30	
促销预算	促销预算是否合理	40	
分工与协作的能力	分工与协作的能力	10	
合　计		100	

知识准备

一、竞赛促销与抽奖促销的含义

1. 竞赛促销

竞赛促销是指连锁企业组织各种特定的比赛，以吸引消费者注意，从而带动产品销售量的一种促销方式，如图 3.1 所示。竞赛是一种需要参加者运用和发挥自己才华、能力去解决和完成某一特定问题的活动。在竞赛促销活动中，消费者只有凭借自身能力，符合竞赛要求的前提下，才能赢取奖品。因此，竞赛促销通常需要具备 3 个要素：奖品、消费者的才华和能力、竞赛评定依据。

图 3.1　竞赛促销招贴

案例 14： 法国某调味品品牌举办“让生活更有味”征求食谱活动，参加者必须提出一份使用“法国芥末”烹调的创作食谱参选。所谓“技巧”的着眼点，即指自行发展出来的这份食谱。本活动的大奖是 2 500 美元，此外，每一参加者均可获赠运用法国调味品创造各种烹调美食的食谱一本。

2. 抽奖促销

抽奖促销是指连锁企业组织抽奖活动并提供奖品，利用消费者的侥幸和追求刺激、以小赢大的心理，吸引消费者参加活动，强化消费者购买某种产品欲望的一种促销方式，如图 3.2 所示。抽奖不是为那些具有才气的消费者而办的，抽奖活动的参加者无须任何才华和学识，只要购买某种产品，或者只要填写姓名、身份证号码和个人资料就有中奖机会。换句话说，消费者获奖全凭个人的运气。抽奖是一种带有幸运色彩的促销方式，而“幸运”，就是只让少数人能获奖，或获大奖，而更多的人则无缘此奖；抽奖促销是人们在日常生活中比较常见的促销方式之一。因此，抽奖促销只需要具备两个要素：奖品、抽奖规则。

图 3.2 抽奖促销招贴

案例 15：美国专利公司举办“庆四十抽奖活动”——“赢得专利比赛，钞票满载而归”，这是将活动名称和品牌名称联结得最为出色的绝佳范例，既简单、直接，又具爆发性吸引力及不可言喻的创意，因此，轻而易举地加强了产品和品牌知名度。最重要的是，它达到了促销的成效。本活动的参加率，为刊登全页广告的两本女性杂志之发行量总和的 5%，而销售量也增加了 5%。当然，参加者无任何特殊条件要求，纯粹以运气抽出中奖者，总计本活动的奖品花费仅 3 万元而已，确实是一个小投资、大收获的成功促销活动。

竞赛促销与抽奖促销可以弥补正常广告活动之不足，对缺乏强有力促销计划的商品塑造品牌使用兴趣等方面具有强心剂般的刺激销售的作用，是促销活动的重要工具之一。

二、竞赛促销与抽奖促销的特点

竞赛促销与抽奖促销二者虽然在形式和方法上有明显的差异，但它们都是通过连锁企业举办活动，利用奖品吸引消费者参加活动，从而提升销售业绩。所以，它们显现的优、缺点也极为相似。

1. 竞赛促销与抽奖促销的优点

(1) 可以有效提升企业品牌。连锁企业通过开展竞赛和抽奖活动，使消费者对企业及其产品产生深刻认识，增强了产品的冲击力。活动影响的人数总是远远大于参加活动的人数。

(2) 活动是加强与消费者沟通的有效方式。竞赛活动使消费者对企业及其产品的认识得以提升和加强；抽奖活动能吸引更多的消费者参加。活动使企业及其产品的形象在消费者心中得以巩固和加强。

(3) 活动成本可以事先控制。与折价优惠等促销方式不同，竞赛与抽奖活动的成本可以实现控制，不随参与人数的多少而变化。

(4) 可联合数家厂商组成一个联合促销活动，这对那些相互关联品类的商品极具效果。

案例 16：雪士达饮料运用的则是“猜奖”活动——猜猜看一部丰田卡罗拉轿车可装多少罐雪士达？此活动方式，使雪士达零售商有机会通过丰田经销商的合作从而在各地卖场缔造了最突出的展示效果；而且，活动以雅马哈摩托车与蒙雷自行车为赠品，更扩大了本活动对着清凉饮料主消费市场——十几岁青少年群体的吸引力。当然，最大的诱因仍以丰田卡罗拉为甚，不论成年人或年轻人均对她心驰神往。尤其在猜奖之外，雪士达又在六罐装的包装上附赠折价券，显然又进一步加强了促销的诱惑力。

2. 竞赛促销与抽奖促销的缺点

(1) 活动成本较高，尤其是推广宣传的费用。如果推广宣传的费用不足，参加活动的人太少，活动的效果将大打折扣，无法达到预期的促销目的。

(2) 奖品的价值受国家政策的限制。我国规定每次最高奖品的价值不得超过 5 000 元，在这个限制范围内，要找到令消费者动心的奖品并不容易。有些商家为了吸引消费者参加活动，选择一些超过限制价值的奖品，然后希望中奖者在领奖时能交付超过限制范围的金额。这种做法不一定能得到消费者的认同，最好避免使用。

(3) 竞赛参与率一般比抽奖参与率低很多。因此，竞赛活动内容应慎重选择，既要提高参与率，又要有一定的难度梯度。

(4) 现在消费者已经比较理性，对抽奖促销已经见多不怪，消费者的兴趣不高。同时，采取抽奖促销对品牌提升并没有推动作用。

注意：《中华人民共和国反不正当竞争法》规定，“经营者不得从事下列有奖销售：（一）采用谎称有奖或者故意让内定人员中奖的欺骗方式进行有奖销售；（二）利用有奖销售的手段推销质次价高的商品；（三）抽奖式的有奖销售，最高奖的金额超过 5 000 元。如果经营者违反该条规定，监督检查部门可根据情节处以 1 万元以上 10 万元以下的罚款。”

三、竞赛促销与抽奖促销的主要形式

1. 竞赛促销的主要形式

(1) 知识型竞赛。知识型竞赛的试题内容在企业的相关资料中都很容易找到，且容易解释，参与者只要认真阅读企业相关资料就可以完全做出正确的答案。知识型竞赛目的在于培养消费者对行业、企业、品牌及产品的认知，如行业知识竞赛、产品知识竞赛、品牌知识竞赛和企业信息知识竞赛等。这种方式常与抽奖配合运用，例如，凡回答正确的都会获得一件礼物，然后再在回答正确的参与者中抽出若干名分别给予不同等级的奖项。以白马牌威士忌酒的促销活动为例，它要求参加者必须回答数个有关商品的问题，其问卷印在瓶子背面的标笺上（此属计划式学习型竞赛）。此类竞赛促销直接与产品紧紧结合在一起，势必激励消费者奔赴商店去购买商品，研读标签，促销的目的当然圆满达成。本活动期间参加来件如雪片飞来，总计超过 26.6 万封，销售量因而大幅激升，算是一个极为成功轰动的促销范例。

⑵ 思维型竞赛。此类竞赛需要参与者充分调动思维的灵活性、创造性，运用自己的智力博得奖品，如征文比赛、广告词征集、点子大赛、创意大比拼等。这种活动方式一般有两个目的：第一是向消费者借脑，集思广益；第二是希望产生类似于事件营销的轰动效应，引起社会的广泛关注。

⑶ 技能型竞赛。要求参与者必须具备一定的技能，如猜谜、填字、套圈等游戏。这类活动形式多样，内容丰富，应视具体条件而定。例如，沙拉特佳香烟的竞赛式促销更具高度的技巧和创意，此活动方式乃要求参加者必须据该产品的广告主题——“待我抽完沙拉特佳再说”，画出卡通漫画来参赛。无疑地，绘画技巧是必备要素，因此，本活动自然属才艺竞赛，而非大家乐式的幸运抽奖。

总之，竞赛促销的形式应根据企业促销的目的和产品特征来选择，不可千篇一律。

2. 抽奖促销的主要形式

⑴ 一次抽奖形式。即消费者凭借购物发票或者其他凭证，参加抽奖，根据预先设定的方案，中奖者领取奖品。原来购物发票或者凭证参加一次抽奖活动后，就失去抽奖效用，消费者不再享有参加抽奖的资格。

⑵ 多次抽奖形式。即消费者凭借购物发票或者其他凭证，可以多次参加抽奖活动，兼中兼得。这种抽奖活动对于提高品牌的忠诚度具有积极的作用。例如，JVC（日本消费性与专业电子企业）的“震撼促销活动”规定，凡购买任何一款 JVC 产品，即可获得两次中奖机会：一是佳佳奖，赠送特制手表；二是旅游奖。这就是多次抽奖的促销形式。

⑶ 答题式抽奖。即根据广告宣传作品或者其他介绍材料甚至社会读物，回答企业设制的问卷表，所有问题回答正确的人，即可凭借编号问卷或者电话号码，参加抽奖活动，中奖后到指定定点领取奖品。

⑷ 游戏式抽奖。即预先设制某种游戏项目，消费者完成游戏项目后，获得参加抽奖活动的资格，中奖者领取奖品。

⑸ 联动抽奖。即消费者凭借优惠券、贵宾卡等，自动享有参加抽奖活动的资格。

注意：国家工商管理局规定，“有奖销售，是指经营者销售商品或者提供服务，附带性地向购买者提供物品、金钱或者其他经济上的利益的行为。包括：奖励所有购买者的附赠式有奖销售和奖励部分购买者的抽奖式有奖销售。凡以抽签、摇号等带有偶然性的方法决定购买者是否中奖的，均属于抽奖方式。”

知识拓展

一、灯谜游戏促销，杭城迎来元宵消费新高峰

杭州的超市、商场在春节热闹之后，曾短暂地陷入“节后综合征”。元宵的到来，无疑

给了商家一个促销理由，这两天，杭州的商场、超市都挂上了红灯笼，以“闹元宵”为由头，希望给春节期间的销售燃起最后一波高潮，如图 3.3 所示。

图 3.3　元宵节促销现场（包康轩摄）

明天就是元宵节了，这个周末，杭州的超市再现热闹的情形：每个收银台前重新排起了长队，大卖场里充满了欢乐的采购气氛。据了解，杭州各大超市的消费券使用掀起了新一轮的高潮。不少大超市为元宵节特地准备了促销活动。比如，在华润万家，一次性购物满 68 元或购汤圆类产品满 28 元，即可凭小票领取元宵精美宫廷灯一个。安井、龙凤、五丰、思念四大品牌汤圆全场 8 折。在沃尔玛超市买五味和、翠沁斋等品牌的干吃汤圆有买一斤送半斤或二两的优惠。

与超市硬碰硬做价格促销不同，在杭城几家大商场门厅位置或楼层显眼处，都挂上了大红灯笼，并且不约而同在这些大红灯笼上做起了文章：百大推出“灯谜猜猜猜”活动，为消费者准备了 5 000 个趣味灯谜，只要在服饰类产品或超市区购物满 300 元就可以参加活动，获取一份“甜蜜礼物”。而去银泰西湖店的消费者只要凭 VIP 卡就可以参加猜灯谜活动，答对了就可以获得一包汤圆。杭州大厦则用灯笼来“藏”活动，每个柜台的灯笼也许就代表了这个牌子今天特别的促销活动。

对商场而言，元宵节促销主要是为了提升人气，为即将到来的情人节做准备，因此在促销力度方面不会很大。一位商场负责人坦言，元宵节是一年工作正式的开始，做元宵节促销主要是作为今年促销的预热。

（资料来源：浙江日报，2009-02-08）

二、超市年末抽奖促销奖黄牛一头

这年头，摸奖、抽奖的套路不少，奖钱、奖车的诱惑不小，但中奖奖牛的搞法却不多见。己丑牛年的元月 14 日，在湖南临湘市城中心十字路口地段某超市门前，有一则独特的抽奖公告：“1 月 11—24 日，凡在本超市购物满 98 元者就可抽奖一次，一等奖奖黄牛一头，二等奖三名各奖液晶电脑一台。”牛年中牛奖，那可是真的牛啊！

超市一侧，一头彪悍的黄牛披着大红花静待着某个牛气冲天的人；超市里头，拥挤的消费者正在购买年货。据了解，该超市主要面向城市乡镇的农村消费层，在临湘小有名气，多年来一直以别出心裁的促销方式拉动消费。

（资料来源：湖南日报，2009-01-16）

三、超市促销活动计划书

超市促销活动计划书范例

1. 活动主题

春节促销“红红火火迎新禧，新华都送福又送礼”，“贺岁金钱一把抓，快来888”。

2. 活动时间

××××年1月22—24日。

3. 销售目标

促销期间的日均销售达22万元，平均毛利率控制在16%。

4. 促销内容、方式

在活动期间，当日购买一层流行百货男女装、鞋、皮具、化妆品、运动休闲、运动器材、发饰品、服饰品、眼镜、工艺礼品等商品满500元的顾客可分别参加面值1元硬币的“金钱一把抓”活动，只能一只手抓一次硬币，抓得的硬币总数达88枚、128枚时赠送10元、20元购物券作为红包赠送给顾客，详见表3-1。

表3-1 促销活动内容表

<table>
<tr><th colspan="2">流行百货商品品类</th><th colspan="6">当日（含同类累计）消费金额级数</th></tr>
<tr><td>A类商品</td><td>男女装、鞋、皮具、化妆品、运动休闲、运动器材、发饰品、服饰品、眼镜、工艺礼品等</td><td colspan="3">308元以上</td><td colspan="3">888元以上</td></tr>
<tr><td>B类商品</td><td>健身器械、照材、小电器、镶嵌/18K金饰品、笔、表等</td><td colspan="3">888元以上</td><td colspan="3">1 588元以上</td></tr>
<tr><td>C类商品</td><td>足金、足银、24K金饰品、移动通讯、数码产品等</td><td colspan="3">1 588元以上</td><td colspan="3">3 008元以上</td></tr>
<tr><td>D类商品</td><td>所有特卖商品（低于6折优惠（含6折），中庭、田安路口侧门等促销商品）</td><td colspan="6">不参加“贺岁金钱一把抓，快来888”活动（商品折让低于6折，个案另行上报核准）</td></tr>
<tr><td colspan="2">“贺岁金钱一把抓，快来888”抓得1元硬币数量</td><td>88枚以下</td><td>88～128枚</td><td>128枚以上</td><td>88枚以下</td><td>88～128枚</td><td>128枚以上</td></tr>
</table>

续表

流行百货商品品类	当日（含同类累计）消费金额级数					
赠送红包（购物券）	10 元	20 元	30 元	10 元	30 元	50 元
购 A 类商品赠送红包占比	3.2%	6.49%	9.7%	1.12%	3.37%	5.6%
购 B 类商品赠送红包占比	1%	2.25%	3.37%	0.63%	1.89%	3.1%
购 C 类商品赠送红包占比	0.63%	1.25%	1.89%	0.33%	0.99%	1.66%

5. 费用预计

平均每天消费金额超过 500 元笔数为 80 笔，其中以 70% 的交易为 1 000 元以下，即有 56 笔交易要进行“贺岁金钱一把抓，快来 888”获取 20 元购物券即费用为 1 120 元 / 天；而有 24 笔交易要进行本次活动获取 50 元购物券即费用为 1 200 元 / 天。总计红包费用为 3 120 ～ 6 960 元，占总预计销售额 66 万元的 1.05%。

6. 各部门任务

(1) 财务部的任务。

① 负责本次促销活动期间红包购物券的款项支付事宜；

② 负责为本次活动准备面值 1 元的硬币 200 枚；并安排人员协助流行百货部红包发放等工作。

(2) 督导科的任务。

① 负责做好促销活动的宣传工作，确保每位员工都能完全的掌握相关促销内容。

② 组织营业柜组协助企划科做好“贺岁金钱一把抓，快来 888”红包的发放登记、挂旗悬挂、各品牌专柜及收银台的促销 POP 告示等。

(3) 营业柜组的任务。

① 做好在实际导购过程中就促销内容的传达、解释工作。

② 做好收银缴款的商品分类盖章工作，以便促销活动分类进行。

(4) 收银组的任务。

① 在收银过程中向顾客做好促销内容的宣传及解释工作。

② 负责核查收银缴款单中商品科目的商品分类盖章，对未按促销内容规定的缴款单及时的退回并更正。

(5) 企划科的任务。

负责准备“贺岁金钱一把抓，快来 888”活动的“红包”购物券及包装红包等工作，应时反馈跟踪促销期间的礼品发放情况。

(6) 商务中心的任务。

服务前台负责按规定的相关促销内容做好同顾客的解释工作，提前准备红包发放登记表，并严格按促销说明做好发放登记、统计工作，每日及时上报发放情况，待促销结束后统计发放表上交企划科；顾客服务负责做好礼品发放过程中因商品分类问题、顾客消费金额不足或其他异常问题引起顾客投诉事宜的协调工作，超出权限应及时上报上级领导处理。

(7) 防损科的任务。

① 在春节购物高峰期期间重点、合理的安排警力、做好商场的安全防损工作，同时准备紧急异常情况的安全预案。

② 重点安排人员配合企划科做好春节期间“贺岁金钱一把抓，快来888”活动现场红包发放、监督、防盗、防火等工作。

7. 活动注意事项

(1) 参加“贺岁金钱一把抓，快来888”活动的顾客在一层流行百货消费时：单件商品超过规定的金额只可参加一次抓奖，单笔消费超过规定的且每件的商品金额均超过规定的消费金额者可参加多次抓奖；当天消费多笔且为同一商品分类可累计其消费金额参加抓奖活动。

(2) 参加抓奖者只限一次手，手不得戴有任何物品（如手套等）。

(3) 参加抓奖时，手必须是伸直向下，抓得硬币后，手同样必须是手撑朝下向下收回；违规者视为无效，重新开始。

(4) 参加抓奖者，前后时间必须在5秒钟内完成，不得在抓奖箱中停留整理硬币，否则视为无效，重新开始。

(5) 发放红包人员必须严格清点抓得的硬币数量，按补充规定的数量为准。

(6) “贺岁金钱一把抓，快来888”活动处必须有三人同时进行，其中财务部负责安排一名员工配合发放。

起草：　　　　复核：　　　　审核：

任务实施

一、以小组为单位，确定组长，由组长分工并确定组员的工作任务。

二、以小组为单位，以全班同学为消费者，模拟策划一个有奖竞赛活动或抽奖促销活动方案，制作PPT，并在班级实施次方案。

三、如何进行奖品的设置，如何制定竞赛与抽奖活动规则，如下所述。

1. 如何进行奖品设置

竞赛与抽奖促销活动的奖品设置，要有吸引力，要符合消费者的心理需求，这样才能吸引消费者踊跃参与促销活动。奖品设置需考虑两个方面的因素。

1) 奖品的价值

奖品及奖品组合的诀窍是主宰竞赛与抽奖活动成败的关键。通常，奖品组合价值均采用金字塔形，即金字塔尖设一个高价位的大奖，接着设若干个中价位的奖品，以及数量较大的低价位的小奖，而末等奖一般采用样品、相关的商品或纪念品。单个奖品的金额不得超过国家规定的5 000元。

2) 奖品的中奖率

为使活动对消费者有足够的吸引力，各层次奖品除了考虑价值外，还要设计合理的中奖率。在奖金总额既定的前提下，在法律允许范围内，有两种设计办法：要么降低中奖率，提高单项奖的奖金数额；要么降低单项奖的奖金数额，提高中奖率。这样，抽奖活动对消费者才会具有吸引力。一般情况，高价位的奖品设置一两个，吸引消费者参与；中价位的数量稍多于高价位的；低价位的数量要有一定的覆盖面，以调动消费者的积极性，参与促销活动。

3）奖品的形式

在促销活动中，付给消费者的奖品主要有两种形式：一是现金形式，二是实物形式。

现金奖品的好处是通用，并且奖品的额度让消费者一目了然，消费者很容易了解自己能从奖品中获得多少好处；当然，现金奖品也有其不足之处，对于一些特殊的消费者，现金可能不及某些具有特殊意义的实物更具魅力。

实物奖品的好处之一是能为消费者提供别具一格的奖品，以提高活动的刺激性和吸引力，如奖品是市场上难以买到又具有保留价值；实物奖品的好处之二是可以结合活动主题设置奖品，对树立企业或品牌的良好形象十分有益。

2. 如何制定竞赛与抽奖活动规则

在竞赛、抽奖活动中，奖品的获得不是凭消费者购物的多少，而是凭消费者的表现或运气。这样每位消费者对获奖条件会有不同的理解，为了避免由于理解上的误差而给企业带来不必要的麻烦，必须制定严格、清晰、易懂和准确的活动规则，并通过大众媒体正式公告于消费者。

1）竞赛促销规则制定的要求

(1) 竞赛形式与目标消费者一致。竞赛促销活动的出发点是吸引消费者参与竞赛活动，通过参赛或获奖，引发购买兴趣，实现促销目的。因此，在设计竞赛形式时，应考虑竞赛参与者、获奖者与产品购买者之间的关系，增强对目标消费群的针对性。

(2) 竞赛形式要有趣味性。有趣的竞赛活动能引起较多的消费者注意，能使参与者加深对品牌的印象。

(3) 竞赛程序应简单、易操作。竞赛活动难度过高，无形中提高了活动的参与门槛，可能将部分目标顾客拒之门外。有些竞赛内容复杂，但只要原理简单、形式趣味性强，同样具有可操作性。

(4) 竞赛活动应具有可控性。活动程序、奖品数量、活动时间等都应可控制。

2）抽奖促销规则制定的要求

(1) 配合其他促销方式一起进行。为了更加有效地吸引消费者，抽奖促销活动可配合其他促销方式一起进行。如活动前的广告宣传、事件营销配合等，效果将会更好。

(2) 开奖方式不断更新。刺激消费者参与活动的欲望。

(3) 保证抽奖活动的公正性。在操作中，应注意中奖号码分布的合理性，大奖不要在活动开始不久就产生出来，也不要到活动快要结束了还没有产生。

3）做好一个成功的竞赛、抽奖促销活动要考虑的问题

(1) 活动主题的选择。一个好的活动，如果没有好的活动主题，那就等于白做，如征选产品形象代言人等。

(2) 要明确活动的截止日期。根据产品的特点和消费人群来选好的时间，如好记星的活动一般是选择在考试时间和开学时间，妇女的产品在妇女节做，减肥的产品一般都在盛夏来临的时候，现在也有很多产品做反季节活动来拉动销售。

(3) 活动的目的。例如，是做品牌宣传为主，还是以销售为住？这个就要根据每个的发展来定，策划者应该好好考虑考虑。大企业以宣传品牌为主，老产品也是这样，而中小型企业和刚上市的产品基本都是以提升销量为目的。

(4) 活动地点的选择。如果是新产品，千万别去做什么全国性的活动，应该选择销售情况稳定、市场比好的区域来做活动。很多厂家为了打造样板市场，不惜亏本来做活动，其实没有亏，样板打造出来后，真正的目的是吸引代理商，所以他是赚钱的。

(5) 抽奖地点。如果活动以抽奖为主，抽奖的地点应选择一个人流量大，信誉度、可信度、美誉度比较高的终端或者到城市的大型广场来做，这样抽奖活动给消费者的感觉才真实。

(6) 活动内容。以提升品牌为主或以提升销量为主。如果以提升销量为主，可在市场上以买多少送多少或者先试用再购买。

(7) 公示奖品及奖额。

(8) 参加活动资格要求。既然是抽奖活动，一定要配合销售的产品来做，如买一盒产品就有一次抽奖的资格。应该预算好费用和中奖的概率，以此来制定买多少产品才有一次抽奖资格。

(9) 中奖概率。统计好大约的购买人数，如 1 000 人，然后在 1 000 人中抽出 20 位中奖者，如果平均一个消费者只有一次抽奖资格，那就是 1/50 中奖的概率；如果其中一位消费者有两次资格，那就是 1/25 的中奖概率。把这些数据告诉消费者，最好把这些数据印在你的宣传单上，直接分析给消费者，告诉他们中奖概率有多大，这样可增加销售数量。

(10) 奖品兑领、赠送方式、地点、时间。

(11) 宣传方式。报纸广告、电视平面广告、电视游字广告、终端宣传折页的广告。报纸的流动性很大，平均一份报纸有 3 个人看，而且很多人会保存报纸，终端宣传折页的广告就要做得有吸引力一点。

任务成果

抽奖促销活动方案

张碧春、纪任方、钟乃瑞、谢淑玲

一、活动主题

来自星星的你

二、活动目的

为了调动班级同学的参与积极性，放松开学以来面对在学校最后一个学期的紧张心情，让全班同学感受到班级的友爱氛围，进一步增强同学们的凝聚力和向心力。

三、活动简述

本次活动主要采取随机抽号的方式进行。活动前期进行抽奖物品的制作与发放，活动时集中在现场抽奖和开奖并当场发奖。奖品设置为特等奖、一等奖、二等奖、三等奖和四等奖。

四、抽奖规则

(1) 本次抽奖采取机会均等、公开透明的原则。

（2）相关班委及现场随机人员开奖。

（3）本次抽奖现场抽取特等奖一名、一等奖一名、二等奖两名、三等奖两名、四等奖六名，共计 12 名。

（4）同一奖项的奖品随机发放。

抽奖券为折叠的纸质星星，星星里面有 01 ～ 40 的数字编码。编码格式为"★ 01 ★"。

五、开奖方式

两个相关人员各自从 01 ～ 40 随机说出一个数字，随机说出的数字就是中奖的数字。拿到写有那个数字的星星的就是幸运的中奖之人。

注：开奖的同学请不要重复说出前一个同学有说出过的数字。

六、抽奖条件

（1）凡是当天有到班级上课的同学均有机会参加抽奖。

（2）开奖从最低奖项开始公布。

（3）中奖号码不再重复参与更高奖项的抽奖活动。

（4）参与抽奖的同学，在未开奖时请先不要拆开星星。如若私自先行拆开星星抽奖券，则该星星抽奖券作废。希望各位同学予以高度配合。

七、奖品设置

活动奖品一览表见表 3-2。

表 3-2　活动奖品一览表

奖　项	名　额	奖　品	数　量	单　位
特等奖	1	Agogo100 现金券	1	张
一等奖	1	送你星空投影仪	1	个
二等奖	2	索芙特木瓜沐浴露 葡萄籽沐浴露	1	瓶
三等奖	2	欧贝斯洁面乳 30g	1	支
四等奖	6	欧贝斯补水睡眠面膜 8g	1	瓶

八、其他说明

（1）抽奖说明。

① 在开奖之前，拿到手里的星星不可以先行拆开。先行拆开或者严重毁坏丢失的星星奖券不给予兑奖。请各位亲爱的同学妥善保管。

② 本次开奖为先抽取中奖号码再开奖。开奖之前，无人知道自己是否中奖，一切全凭运气。

（2）兑奖说明。

① 此次活动实施现场开奖、兑奖、领奖制。

② 所有奖品必须由本人持中奖券到领奖台领取奖品，不得代领。

（3）此次策划方案最终解释权归本小组所有。

抽奖促销活动方案

陈莉荣、林小红、饶俊翔、蔡玲梅、郑淑珍

一、活动主题

抽奖 GO 购乐，好礼乐相随——连锁 ×× 班抽奖活动

306 小铺尊崇高品质、低消费的经营理念，吸引了连锁 ×× 班的消费群体。为活跃连锁 ×× 班的班级氛围，增添生活情趣，营造良好的消费关系及消费氛围，同时为了增进销售，推出此次“抽奖 GO 购乐，好礼乐相随”抽奖促销活动，传达了 306 小铺对连锁 ×× 班消费群体的关爱之情。

二、活动时间

20×× 年 3 月 26 日 08:10—08:30

三、活动地点

×× 校区综合楼 504

四、活动内容

1. 促销内容

活动期间，凡在 306 小铺购穿着类、日用百货类、化妆品类等商品，满 100 元的消费者可凭借购物凭证参与抽奖。注意：购物凭证参加一次抽奖活动后，就失去抽奖效用，且购物凭证不提倡累计使用。

2. 抽奖方式

采用纸箱抽奖的形式，设置一等奖、二等奖、三等奖共 10 名。消费者凭借购物凭证到兑奖台按要求抽奖，现抽现兑。

3. 抽奖条件

参加抽奖的消费者必须先在现场定单消费，获取商家的购物凭证方可参与抽奖。

4. 中奖概率

本次活动中奖概率为 100%，其中一等奖 20%、二等奖 30%、三等奖 50%。

5. 抽奖时效

符合抽奖条件的消费者需在本次活动期间进行抽奖，即截至 20×× 年 3 月 26 日 08:30，逾期作废。

五、活动流程

本次抽奖地点设在综合楼 504 教室，讲台作为抽奖台，连锁 ×× 班的消费者入场即得代表入场券的气球一个，消费满百元者可持气球内的满百元购物凭证前往参与抽奖。本次抽奖的原则是“先出示凭证，后参与抽奖”，具体流程如下：

1. 凭证填写登记表

将所持购物凭证交与工作人员核实，填写登记表。工作人员核实无误后，将定单收据还给消费者，消费者填写抽奖登记表格，然后等候抽奖。

2. 消费者抽取奖项

本次活动抽取物为纸条，一张购物凭证只有一次抽取机会，每人每次只能抽取一个。抽完后，纸条请交回工作人员。

3. 现场领取奖品

奖品发放时，消费者需出示购物凭证，由工作人员标注“奖品已发”。至此，该购物凭证不得作为再次抽奖的依据。

六、活动奖品

一等奖：工艺玫瑰花 1 支。

二等奖：水之密语洗护 1 个、打泡器 1 个、特色圆珠笔 1 个、小熊挂坠 1 个，任选其一。

三等奖：芳草集隔离霜 1 袋、自然堂精华乳 1 袋，任选其一。

项目四

会员制促销

学习目标

知识目标	技能目标
(1) 了解会员制促销的含义 (2) 掌握会员卡的种类和操作	(1) 熟练会员制促销的操作 (2) 能够进行会员卡章程的制定

项目任务

任务：

(1) 选择两家连锁店铺进行调研，分析、比较这两家企业会员制促销的优、缺点，然后做成 PPT。

(2) 完成实践训练总结（请填在下表）。

班　级		姓　名	
调查任务			
两家企业会员卡章程的制定			
两家企业会员卡的种类			
两家企业优、缺点的比较			
调查结论分析			
训练体会			

考核标准：

检查内容	评价标准	分值 / 分	得分 / 分
两家企业会员卡章程的制定	两家企业会员卡章程的制定是否合理	10	
两家企业会员卡的种类	两家企业会员卡的种类是否符合实际	20	
两家企业优、缺点的比较	优、缺点的比较是否合理	40	
分工与协作的能力	分工与协作的能力	10	
调查结论分析	调查结论分析是否合理	20	
合　计		100	

知识准备

一、会员制促销的含义

会员制促销又称俱乐部，是指连锁企业以某种利益或服务为主题将顾客组成一个团体，开展宣传、销售、促销等营销活动，如图 4.1 所示。加入俱乐部的条件可以是缴纳一笔会费，也可以是购买一定量的商品。

图 4.1　会员制促销

二、会员卡的种类

1. 积分型会员卡

积分型会员卡主要是以消费商品积分为主要跟踪手段。商品的积分公式算法也会有多种，可以根据售价计算，可以根据商品毛利定义具体商品的积分点数，也可以根据不同商品类别的毛利率计算不同类别商品的积分，还可以根据不同商品的特性定义具体的详细积分点数；然后根据积分点数的多少，回赠消费者礼品或奖券参与抽奖。

积分型会员卡促销的手段是在某个时间段内，根据消费的情况，降低领取奖品的底限；或者，提高积分同等条件下的积分点数等来刺激会员消费；或者，根据会员的消费积分等级，满足一定积分点数，可以以超低价购买正常销售的商品。例如，凡积分在限定时间内满 100 点可以以 20 元购买 5L 装食用油一桶。

会员也可以一定数目的积分点数，加一定现金购买正常销售的商品。例如，100点的积分数加10元可以购一瓶200mL飘柔洗法水，当购完商品时会员卡的积分就相应减少100点数。

2. 折扣型会员卡

连锁企业定期收取一定的会费，或者先预付消费款项，或者指定某一部分消费群体，在正常消费过程中可以享有的特殊折扣比率。它一般根据会员顾客的类型或等级，执行不同优惠比率；具体商品的优惠比率也可以制定为不一样的，而且可以对不同的货品类别进行不同的折扣；还有根据商品给持卡者制定统一的折扣价，通常称为会员价。

其促销手段是针对持卡会员，一定时间段内，进行商品特低折扣优惠，加强团体客户消费，同时拉动新的顾客入会。消费者持卡消费（必须要与积分一起使用）满一定数额后，可以升级，使其获得的优惠比率更大。

3. 返利型会员卡

返利型会员卡根据会员消费的金额，满足一定数目后给予一定的返利优惠券或商品。这种类型应该是在积分类型的基础上的衍生，但具体的返利标准及时间限制，连锁企业根据自身利益情况做出限制。

其促销手段是某个时间段内，针对某类商品加大返利力度，在限定时间段内，领取了正常返利的同时，又可连环参加抽奖活动或者其他促销活动。

4. 联盟型会员卡

联盟结合其他商业服务单位，推出联合促销活动时，发售联盟型会员卡。例如，沃尔玛山姆会员店的会员卡，可以到其他的商业单位消费时给予特殊折扣，如影楼、美容院、餐饮店、汽修厂、娱乐城等单位。

其促销手段是连锁企业联谊其他的商家，规定时间段内在商场消费满一定数额可以到联盟单位享受特殊折扣；或者，在其他商业单位的消费够一定数目的金额后可以在商场以超低折扣购买关联商品。例如，在影楼消费或预订 1 000 元以上者可在商场 7 折购买珠宝手饰或服装等。

5. 公司会员卡

消费者以公司名义入会，连锁店向入会公司收取一定数额的年费。这种会员卡适宜于入会公司内部雇员使用。公司会员卡是入会公司对持卡人购买的一种信用担保。持公司会员卡的会员在购物时可享受 10% ～ 20% 的购物优惠和一些免费服务项目。

6. 终身会员卡

消费者一次性向连锁店缴纳一定数额的会费，成为该店的终身会员，可长期享受一定的购物优惠，并且长年得到店方提供的精美商品广告，还可以享受一些免费服务项目。

7. 内部信用卡会员

适合大型高档连锁店，消费者申请连锁店信用卡后，购物时只需出示信用卡，便可享受分期支付贷款或购物后 15 ～ 30 天现金免息付款的优惠，有的还可以进一步享受一定的价格折扣。

部分形式的会员卡如图 4.2 所示。

图 4.2 部分形式的会员卡

三、会员制促销的作用

1. 对客户的促销作用

(1) 享受超市提供的价格优惠，消费者通过一次性支付一定数额的入会费，便可拥有一张会员卡，成为超市的会员。持有会员卡的消费者在购物时可以享受比非会员更大的折扣，购买超过一定金额的商品时，可以拥有分期付款的待遇。此外，超市还对会员实行特殊优惠日活动，对持卡会员每半月或一月中有一天优惠购物。

(2) 享受超市提供的优质全面服务，会员在购物时可以享受保险及送货上门等服务，享受超市定期举行的会员联谊活动，并获得精美礼品。此外，超市还定期为会员提供印有最新商品信息的小册子，介绍商品的性能、用途、价格等，会员可以享受电话订货、送货上门的优惠服务。

(3) 享受年底提供的年底分红或返还。有的超市将根据会员在一年内的消费总额多少，在年底时给予一定的分红和返还，从而增加会员的实际利益。

案例 17：“芭比”是一家新开的服饰店，在其开张之际，决定利用积分进行一次开业促销活动。“芭比”推出了不同折扣商品券来吸引顾客参加“会员促销活动”，只需要在店内消费 150 元就可以参加积分，享受积分以后的一系列优惠政策。

顾客成为会员得到会员卡之后，以后每次会员来店消费均记录在“会员积分资料”里面，顾客根据消费金额可以得到不同的积分，有 50 元 /5 分、100 元 /10 分、200 元 /20 分等，不同的积分会享受不同的折扣或商品券。

此外，“芭比”还印制了200份会员资料册，专门准备了一个资料架，对会员资料进行编号并放在资料架上，而且每隔一段时间还会将会员的增长情况做成简单直观的图表，让顾客感到“芭比”服饰店的顾客很多，于是来参加活动的顾客也就比较踊跃了。

“积分促销”需要建立完善的会员资料，因此除了会员资料册，“芭比”还建立一个比较完善的数据库，对参与活动的顾客消费进行详细的记录，同时也记录下每次顾客积分的请况。

2. 对超市的促销作用

(1) 会费收入极其可观。收费式会员制促销策略能够使超市在短时间内拥有大量可支配资金，会员达到一定规模情况下，超市会费收入甚至要高于年净利润。

(2) 便于稳定老顾客，发展新顾客。会员制促销使超级市场其建立起长期稳定的消费者群，这是其他任何促销手段都不具备的优点。稳定的消费者群是超市最宝贵的资源，是超市营业收入的来源，为超市带来稳定的销售收入，这是会员制促销的宗旨所在。

(3) 超级市场的会员制是手段，而不是目的，超市通常将现有会员作为继续拓展会员的渠道，吸引潜在消费者成为会员。例如，某超市规定，一个会员可以同时带两个非会员进店购物，非会员在一段时间之后经申请也可成为会员。

四、会员制促销的操作要点

1. 会员卡的发放

连锁企业招募会员的办法和入会的条件，通常有以下几种情况：

(1) 只要交纳一小笔会费，并填写会员资格申请表，就可以成为会员。

(2) 只要购买了企业的产品，并填写会员资格申请表，就可以成为会员。

(3) 既要缴纳会费，又要购买商品，才能成为会员。例如，“贝塔斯曼”书友会入会的必要条件是，交18元入会费，并购买2本优惠价格的图书。

(4) 顾客在购买企业的商品后，企业通过有奖征答吸收其中一部分优胜者成为会员。例如，博士伦公司的“明眸一族”俱乐部就是用这种办法吸收会员。

(5) 顾客只要提交有关材料，证明自己符合会员的必要条件，就可以成为会员。

2. 会员卡的登记

会员在最初进行会员登记时，连锁店也就获得了消费者的一些信息，包括消费者姓名、性别、年龄、职业、月平均收入、性格偏好、受教育程度、居住范围等，这些信息对于连锁企业针对会员进行个性营销分析提供了可靠的依据。在消费者消费结算时，通过读卡机读取会员卡，客户关系管理数据库就会保存该持卡人的消费记录信息，并且将会员此次消费商品的品牌、型号、价格、数量、消费时间等信息都记录下来，为企业以后的增值服务提供可靠的信息。这些是连锁企业完善会员卡系统进行客户关系管理的第一步，也是关键的一步，没有这些信息，在以后的活动中就不能进行准确的定位，就不能进行人性化的、个性化的服务。

3. 会员卡的遗失补办

当会员卡遗失后，原持卡人可到连锁企业重新办理一张会员卡。由连锁企业有关人员根据挂失人提供的单位名称和持卡人姓名，在系统中找到原有的用户资料，补发同号码的会员卡。连锁企业不对会员卡遗失期间的消费积分损失负责。

4. 会员卡的使用

持卡顾客在购物时出示会员卡，或提供会员卡编码，由销售人员根据卡号在会员销售界面录入销售订单，并给以相应的优惠政策。购物完成后，会员卡管理系统自动根据购物金额和预先定义的积分规则增加该会员积分。

5. 会员卡的积分

会员卡一般采用消费积分、奖励制度。积分和奖励制度由连锁企业统一制定。

知识拓展

一、一天办 3 000 张会员卡

临近年底，周末自然是商家促销的好时机，而由于今年受金融危机的影响，加之明年的春节来得特别早，这个距离圣诞节尚有时日的周末俨然成了商家眼中的重要“节点”。各商家纷纷开始为年底市场“吆喝”，欲以大力促销来早早激发市民的年底购物欲望。

虽然促销活动从今天才开始，昨天商业城内便开始热闹非凡。昨晚 19:00 左右，在商业城内，一楼到六楼均是川流不息的顾客，尤其是一楼办会员卡的柜台前，挤满了正在填写登记单的顾客。原来这个周末商业城开展“感恩盛典倾情回报”活动，消费满 300 元送 300 元电子券，满 600 元送 600 元电子券，而送的电子券存在会员卡上，因此要享受优惠的顾客必须先拥有会员卡。

“满 300 元就送 300 元的券，商业城好像从来没有过这么大的促销力度。今天先来看个究竟，看好了明天来买。我已经看中了两件 300 多元的羊绒衫和棉外套，正好可以把券用足。”正在办理会员卡的刘女士说，看了后觉得还比较划算，像玛丝菲尔、杰克·琼斯等品牌以前在商业城都看不到打折，这次都参加了活动。像刘女士这样先来“探底”的顾客可不少，很多柜台前都有顾客在试衣服，有的顾客还在仔细算账，而收银台前却很空闲。

“这次活动的力度可谓是商业城前所未有，一线品牌基本都参加了活动，其中穿着类品牌的参与率达到 95%。而且，往年年底的大力度促销活动一般到圣诞节才启动，今年则提前了近半个月。”商业城综合管理部的人士说，之所以这么做，是因为明年的春节在 1 月份，离元旦很近，可促销的时间比较短，就要靠商家主动放大年底市场。另外，受金融危机影响，商家也担心消费者可能会在年底捂紧钱袋子，因此促销的力度特别大。生产企业对这次促销活动也非常支持，很多以前不肯参加促销活动的品牌这次都参与了进来。“从现在的情况看，市民还是比较买账，今天一天就已经办了 3 000 多张会员卡。”

据了解，和商业城有同样想法的商家不在少数，市区的新世纪、五星、苏宁等家电销售企业均是厉兵秣马，为双休日的促销准备了丰厚的资源。其中，新世纪通过规模采购、提前囤货、包销、订制等方法和国内外众多厂家联手合作，在力保让消费者以低价购得家电的基础上，还延续了年底买家电送报纸的活动，满 6 999 元就送全年《×× 晚报》一份。

而超市、家居广场，以及街头的各类专卖店均借着迎接圣诞、元旦的名义，在双休日推出了形式多样的促销活动，年底市场有望在这个周末全面启动。

（资料来源：http://www.jsw.com.cn/site3/jjwb/html/2008-12/13/content_1364189.htm，有改动）

二、麦德龙独特的会员制

麦德龙所实践的仓储式会员制，是它成功的地方，也是它独到的地方。麦德龙是顾客的仓库，其会员定位是法人会员，即企事业单位和经营业主。麦德龙走出了批零兼售的形式，专心于专业顾客的服务。麦德龙拥有所有会员的详细资料，致力于与他们保持不断的联系，有专职咨询员的专访，有每周两次直接邮寄的麦德龙邮报，也通过电话拜访，传真或者电子邮件进行联系，还有不定期的客户交流会等。法人仓储式会员制造就了麦德龙与各专业客户间长期稳定的伙伴关系，相互依赖、相互忠诚，麦德龙发展来源于这些法人会员源源不断、大批量的订货收入。

麦德龙会员卡办理注意事项如下：

(1) 申请麦德龙会员卡需要哪些文件？营业执照副本/组织代码证（原件）、法人代表身份证（原件）、持卡者身份证（原件）、介绍信（原件）。

(2) 当麦德龙卡丢失时需要哪些文件再次申请？原公司批准再次申请表、原麦德龙会员卡注册表、持卡者身份证。

(3) 一家公司可以申请几个授权购物人？注册资金10万元以下，1个授权购物人；注册资金11万～50万元，2个授权购物人；注册资金51万～100万元，3个授权购物人；注册资金101万～500万元，4个授权购物人；注册资金500万元以上5个授权购物人。

(4) 何时何地你可以申请麦德龙卡？每天6:00至22:00在任何一家麦德龙商场的顾客入口处。

(5) 有没有其他方法申请麦德龙卡？你可以通过电话、传真或者邮件通知商场客户开发部门。当客户开发部门员工访问你时请说明你的意图。

(6) 需要带照片吗？不必。当你在顾客入口处制作会员卡时就可以拍照。

（资料来源：根据http://wenku.baidu.com/资料整理）

三、会员店上门办理会员

山姆会员商店是世界最大的零售商——美国沃尔玛百货有限公司的成员之一，其名称取自于富有传奇色彩的著名零售商——沃尔玛连锁店公司的创始人山姆·沃尔顿先生。山姆会员商店是专门服务于会员的仓储式购物俱乐部（图4.3），它仅向会员让利销售质优价廉的商品。山姆会员商店是会员们的采购代理，它以“会员优惠价格”向公司和个人提供超值的名牌精品商品。会员可在山姆会员商店宽敞舒适的购物环境中享受山姆会员商店提供的盛情服务。

沃尔玛的精品商品都在山姆会员店。山姆会员商店主营商品包括鲜食、干货、冷冻食品、饮料、高端酒类、糖果、日用品、办公用品、五金、家电、家居、汽车用品等。此外，会员还可享受“会员权益计划”提供的各种生活上的便利及优惠。在这里，会员将享受到：

图 4.3 山姆会员商店

(1) 8% 的会员价值。您每次在山姆购物将会比您在普通超市的购物（购买相同商品）节省 8%。

(2) 1.8 万平方米营业面积。让您拥有宽敞舒适的购物环境。

(3) 9 米高的高大货架。优质的商品陈列摆放间距，有效避免交叉污染。

(4) 1 200 个免费停车位。请不要顾虑节假日停车问题。

(5) 60 条快速收银通道。为您提供优质快速的购物便利。

(6) 40 多家特约商户。扩大您的会员权益，为您带来更多折扣优惠，一卡多得。

(7) 沃尔玛强大的自主商品进口权。进口产品不需要经过代理商或批发商，快速的全球物流配送体系为您带来世界各地的优质商品，实现您的“淘宝”体验。

国内某地沃尔玛山姆会员商店市场部山姆会籍办理事项如下：

(1) 个人会籍（一张主卡、两张附属卡、一张亲友卡）。带给您优质的品牌商品和仓储会员制商店的价格优惠；主卡年费：150 元 / 张，申请主卡即可获赠亲友卡一张；副卡年费：50 元 / 张；一套个人卡：250 元，共计 4 张卡。

(2) 商业会籍（一张主卡、一张亲友卡和 8 张附属卡）。为小型商户提供专业的商业需求商品和服务。商业会籍致力于满足商户的福利需求、办公用品及设备需求、餐饮机构及饭堂需求、便利店及批发商需求等各类需求，并提供金晨服务、传真配销、送货及便利的借款服务等专业的商业服务。

主卡年费：150 元 / 张，申请主卡即可获赠亲友卡一张。

副卡年费：50 元 / 张。

公司卡年费：免费，申请一张主卡和两张副卡获赠一张公司卡。

一套商业卡：550 元，共计 11 张卡。

（资料来源：http://wenda.tianya.cn/question/4ea15cc148810e80，有改动）

四、×× 百货 VIP 卡章程

第一章　总则

为了向广大消费者提供更便捷、更优质和更满意的服务，某地 ×× 百货有限公司（以下简称 ×× 百货）特发行 ×× 百货 VIP 卡。

第二章　VIP 卡的类别

一、×× 百货 VIP 卡分为了 VIP 金卡和 VIP 银卡两种。

二、使用 ×× 百货 VIP 金卡和 ×× 百货 VIP 银卡在 ×× 百货商场购物时可享受 9 折优惠。

三、×× 百货 VIP 金卡和 VIP 银卡的积分累积方法不同，具体见 ×× 百货积分累积办法。

第三章　VIP 卡的取得

一、×× 百货 VIP 卡可以直接购买，VIP 银卡的购买金额为 88 元 / 张，VIP 金卡的购买金额为 338 元 / 张。

二、在 ×× 百货商场购物消费符合表 4-1 所示条件的顾客，可免费申领 ×× 百货 VIP 卡。

表 4-1　活动内容

品　类	VIP 卡折率	消费获得		积分率（多少元积 1 分）	
		金　卡	银　卡	金　卡	银　卡
男女装、鞋、皮具、化妆品、运动休闲、发 / 服饰品、眼镜、工艺礼品、童装等	8.8 折	月累计 5 000 元或当日一次性 2 000 元	月累计 3 000 元或当日一次性 1 500 元	30	50
照材 / 小电器、镶嵌 /K 金饰品、笔、钟表、健身器材等，家居馆（食品、花艺等）	9.5 折	月累计 6 000 元或当日一次性 3 888 元	月累计 5 000 元或当日一次性 3 000 元	50	60
移动通讯、数码产品、足金、足银饰品	9.8 折	月累计 6 000 元或当日一次性 3 888 元	月累计 5 000 元或当日一次性 3 000 元	50	60
男女服饰、鞋类特卖品，低于 6.5 折优惠（含 6.5 折）部分柜台的商品	再 9.5 折	月累计 5 000 元或当日一次性 2 000 元	月累计 3 000 元或当日一次性 1 500 元	30	50
全国统一或已有专柜促销活动的品牌商品（部分化妆品、名表、名笔等）	不参加折让优惠活动	月累计 5 000 元或当日一次性 2 000 元	月累计 3 000 元或当日一次性 1 500 元	30	50
DM 特销品					

注：×× 百货 VIP 卡银卡持有人在 ×× 百货商场年消费积分累计满 1 000 分，可免费升级为金卡；年消费积分累计不满 1 000 分，需交纳 100 元升级费，方可升级为金卡。

三、申请人应持当日消费小票，到 ×× 百货商场服务台领取《×× 百货有限公司 VIP

会员卡申请表》，如实填写表格要求相关信息，并提供公安部规定的本人有效身份证明（如身份证、户口簿、军官证、护照、港澳通行证、居留证等）及其复印件，即可获得××百货VIP卡。

四、VIP卡到期，会员要求续期的，应在VIP卡失效前至××百货商场办理续期程序。

第四章 会员的权利

一、VIP卡会员可以持卡在××百货商场购物时享受VIP消费价。

二、VIP卡会员可领取VIP卡消费累计金额奖励，奖励方式以××百货最新公布为准。

三、VIP卡会员可不定期收到由××百货寄出的特价商品DM，包括××百货的新品信息，推荐信息，以及特价销售信息和会员活动等说明。

四、VIP卡会员可以优先参与××百货组织的优惠促销等活动。

五、VIP卡会员可参加××百货组织举办的其他各类会员活动。

六、VIP卡会员可凭本人有效证件到××百货商场查询自己VIP卡内相关信息。

七、VIP卡会员有权享受××百货商场规定的其他增值服务。

第五章 会员的义务

一、遵守本章程及××百货的各项规定。

二、VIP会员在填写VIP会员申请表时必须提供真实的个人信息。

三、会员不得滥用权利，作出损害××百货利益的行为，一经发现，××百货立即取消其会员资格。

四、密码泄露、VIP卡丢失或会员登记信息发生变更的，应立即通知××百货并办理挂失或变更手续，如因未及时告知而给会员造成损失的，××百货概不负责。

五、会员不得将VIP卡转借他人使用，否则，因他人冒用会员名义使用VIP卡所产生的一切经济和法律纠纷由会员个人承担；同时，××百货有权取消其会员资格。

六、会员有义务妥善保管商品的发票和购物POS机的打印凭条，上述两个凭证是进行退换货或到××百货商场领取奖品的唯一凭证。

第六章 VIP卡管理

一、会员如有信息变更，需携带VIP卡及有效证件到××百货商场，或书面通知××百货办理变更手续。

二、VIP卡遗失请及时挂失并到××百货商场办理补发手续，补发手续和费用与新发卡相同，因VIP卡遗失被冒用造成的任何损失及责任由会员自行承担。

三、VIP卡损坏请到××百货商场办理换发手续，换发费用为VIP卡成本费。

四、VIP卡到期，VIP会员可持卡至××百货商场办理续期手续。

五、任何人不得伪造、篡改××百货VIP卡信息，一经发现，××百货即刻废除该卡，并对使用造事的当事人保留进一步追究该行为法律责任的权利。

第七章 VIP卡使用方法

一、VIP卡是会员资格凭证，会员在享受VIP服务时，须VIP卡验证并在购物POS机的打印凭条上签字。

二、会员使用VIP卡时，不得提出超越××百货服务范围和不合理的要求，否则，××百货有权拒绝该类要求。

三、会员凭卡在商场消费由此产生的退换货，在不影响第二次销售的基础上，会员需携发票和购物POS机的打印凭条进行退换货，已领取商场奖品的，奖品需先退还商场。

第八章　VIP卡的期限

一、VIP卡有效期为一年，续卡需于卡到期后3个月内办理，续卡免费。

二、如卡到期后3个月内未办理续卡手续的，视为顾客自动放弃会员资格，连同卡内所有的积分一并取消。

三、积分回赠的有效期为一年，若积分产生后一年内未办理回赠或未达到回赠条件者，则一年后该项积分将自动清除为零。

四、会员恶意损害××百货声誉的，××百货有权取消其VIP会员资格，并保留进一步追究该行为法律责任的权利。

第九章　保密条款

××百货严格保密会员个人信息，除法律需要等原因除外，××百货不得在未经会员授权的情况下公开、编辑或透露其注册资料及保存在××百货信息库中的非公开内容的个人信息。

第十章　附则

一、本章程的修改权利和最终解释权归福建××百货有限公司所有。

二、某地××百货有限公司对会员章程及其他服务条款进行修改时，会以通告形式公布，包括公司网站、商场POP广告及DM，公告一经公布即视为通知会员。

三、会员对本章程的修改有任何异议，可自动放弃会员资格。

四、VIP卡积分累计方法。

1. 会员持卡消费电脑自动累计消费金额，并按表4-2所示方法计算累计积分。

表4-2　VIP卡积分表

<table>
<tr><th rowspan="2">品　类</th><th rowspan="2">消费额度</th><th colspan="2">积分率（多少元积1分）</th><th rowspan="2">积分计算方法</th></tr>
<tr><th>金　卡</th><th>银　卡</th></tr>
<tr><td>男女装、鞋、皮具、化妆品、运动休闲、发/服饰品、眼镜、工艺礼品、童装等</td><td>A</td><td>30</td><td>50</td><td rowspan="6">积分＝消费额度÷积分率（四舍五入到个位数）</td></tr>
<tr><td>照材/小电器、镶嵌/K金饰品、笔、钟表、健身器材等，家居馆（食品、花艺等）</td><td>A</td><td>50</td><td>60</td></tr>
<tr><td>移动通讯、数码产品、足金及足银饰品</td><td>A</td><td>50</td><td>60</td></tr>
<tr><td>男女服饰、鞋类特卖品，低于6.5折优惠（含6.5折）部分柜台的商品</td><td>A</td><td>30</td><td>50</td></tr>
<tr><td>全国统一或已有专柜促销活动的品牌商品（部分化妆品、名表、名笔等）</td><td rowspan="2">A</td><td rowspan="2">30</td><td rowspan="2">50</td></tr>
<tr><td>DM特销品</td></tr>
</table>

注：在售前已经声明不参与积分的商品，消费额不算入××百货VIP卡积分。

2. 当会员卡累计积分200分（含200分）以上，可兑换礼品。所有累计积分最高不超过一年。

3. 礼品共分五级，级别如表4-3所示。

表4-3　礼品积分表

等　级	累计积分	对应回赠
1	200～349分	200分的礼品
2	350～449分	350分的礼品
3	500～649分	500分的礼品
4	700～899分	700分的礼品
5	900以上	900分的礼品

4. 根据不同档次的积分发放不同档次的礼品，所有礼品以商场海报最新发布的礼品为准。

5. 当持会员卡顾客出现退换货等情况，该退货金额或商品调换后的差额须在累计消费和累计积分中扣除，如已兑换礼品，必须退回礼品或补回等同价值的现金。

6. 当会员持卡兑换礼品后，其累计消费金额和累计积分将从零开始累计。

7. 不参加累计积分奖励活动的商品详见柜台告示。

8. 为了保证顾客的合法利益，领取奖励礼时，需本人持会员卡及本人有效身份证到商场总服务台办理。

9. 本商场拥有对《累计积分奖励说明》的最终解释权。敬请留意本商场总服务台及网上公告。

10. 累计积分奖励查询及兑奖时间：商场营业时间内在总台均可办理。

五、会员制促销计划书

××百货促销活动计划书范例

一、主题

迎“五·一”，四重好礼惠乡梓。

二、时间

2015年4月26日—5月5日。

三、商品范围

一楼××流行百货的全场商品。

四、促销目的、活动诉求

喜逢“五·一”黄金周客流量剧增，普天同庆“五·一”国际劳动节，正当一楼××流行百货夏季商品大量上市之际，以“迎‘五·一’，四重好礼惠乡梓”的促销活动来宣传、提升××流行百货的企业形象及所经营商品的品牌形象、扩大知名度，吸引客流，提升、促进××流行百货的销售额；提高公司的美誉度。

在众多的促销活动中单一打折或派赠品或送券，对独具个性的某地消费者来说，已无多大的吸引力；我公司在“五·一”期间进行以“迎‘五·一’，四重好礼惠乡梓”为主题的系列促销活动达到以不同方面的活动诉求。

五、销售目标

促销期间的日均销售达到16万元，平均毛利率控制在16%左右。

六、促销活动内容和方式

好礼一：流行商品8折幅度起酬宾，持贵宾卡/回头客“折上折”

(1) 在活动期间，凡在一楼××流行百货购满服装、鞋、皮具箱包、床上用品、童装、发/服饰品、眼镜专柜等的正价商品（即原VIP卡8.8折的商品）至少8折幅度优惠酬宾活动，钟、表、笔、照材、刀具等专柜的正价商品（原VIP卡9.5折的商品）至少9折优惠酬宾活动，珠宝、玉石等专柜的正价商品至少8.8折优惠幅度酬宾，手机、数码相机等专柜的正价商品（VIP卡9.8折）至少9.8折优惠幅度酬宾销售，以上商品的酬宾折让部分由供应商承担。

(2) 凡在活动期间，持有××流行百货VIP卡者；持有某地各大商场的VIP卡或各品牌专柜VIP卡者，××的老顾客凭××购物广场前1天（含1天以上）的消费金额达51元以上有效购物单据（××购物广场二、三楼××超级市场的电脑小票或一层××流行百货的缴款单到一层××商务中心换领××当日VIP卡一张，仅限当日一天有效）；还可在以上正价商品促销折让的基础上再享有VIP卡折让幅度，不享受积分，该VIP卡折让部分由我司承担。

(3) 特卖品及DM特销品、全国统一活动的品牌商品（部分化妆品、钟表、名笔）不重复参加以上的优惠酬宾活动。

好礼二：逢五一，折又送

(1) 5月1—5日活动期间，凡在一楼××流行百货，当日顾客一次性购满8折幅度起酬宾的流行商品、特卖品、全国统一活动的品牌商品（部分化妆品、钟表）达以下金额者，可领取相应礼品，按A或B同类累计，不重复累计，不重复赠送，以上赠品送完为止。赠品活动费用表见表4-4。

表4-4 赠品活动费用表

品类		当日消费金额级数	
A类	男女装、鞋及皮具、化妆品等	351元以上	1 551元以上
B类	移动通讯、数码产品、照相器材、电子电器、足金饰品、K金饰品、名笔、名表等	551元以上	3 051元以上
赠送相应的的礼品		“嘟嘟回家”	双立人科隆套刀，48.0元/套

其中三等奖的赠品上可印制各品牌LOGO（仅限24名），有良好宣传、推广效果，预计制作礼品为10 000个，3.00元/个，印制每个品牌标识，需供应商承担费用500元，2/3的费用由我公司承担。此外，我公司还承担报纸、广播等广告媒体的宣传费用、DM的印制费用。

好礼三：逢“五·一”，真情实意送 VIP 卡

(1) 在活动期间，凡在 ×× 购物广场一楼 ×× 流行百货或在二、三楼 ×× 超级市场当日或累计消费金额达以下不同数额，均有资格申请 ×× 流行百货 VIP 卡一张。

消费活动内容见表 4-5。

表 4-5　消费活动内容

消费商场、商品类别		当日消费金额	4 月 26 日—5 月 5 日累计消费金额
A 类	一楼 ×× 流行百货购买男女装、鞋及皮具、化妆品等商品	551 元以上	3 051 元以上
	二、三楼 ×× 超级市场购买日用品（电器类商品除外）		
B 类	一楼 ×× 流行百货（移动通讯、数码产品、照相器材、电子电器、足金饰品、K 金饰品珠宝类、名笔等）	1 851 元以上	5 051 元以上
	二、三楼 ×× 超级市场购买电器类商品		

(2) 在活动期间，持有某地各大商场的 VIP 卡或各品牌专柜 VIP 卡者，凡在 ×× 购物广场一楼 ×× 流行百货或在二、三楼 ×× 超级市场当日或累计消费金额达以上不同金额 51% 者，均有资格申请 ×× 流行百货 VIP 卡一张。

好礼四：礼送“嘟嘟回家”

凡在 5 月 1—5 日活动期间，持有 ×× 流行百货 VIP 卡者均可到一楼 ×× 商务中心领取“嘟嘟回家”的礼品一份。

七、宣传、广告及费用预估

1. 在《×× 晚报》的 8cm×17cm 版面进行广告的投放，费用 10 000 元。

2.×× 省人民广播电台 FM90.4 频道、FM100.4 频道等媒体进行密集投播，费用 2 000 元。

3. 预计购买或制作：

(1)“嘟嘟回家”礼品为 10 000 个，2.30 元 / 个，印制 24 个品牌标识，费用 23 000 元。

(2) 双立人刀具 48.0 元 / 套，数量 150 个，进价 33.60 元 / 套，费用 5 040 元。

此次活动让利仅礼品派送一项据初步预算就达 4 万元，其中可由供应商承担的费用约为 15 000 元，约占总销售额 1.5%。

八、配合部门的相关要求及活动说明

1. 流行百货业务科

(1) 负责做好“迎‘五·一’，四重好礼惠乡梓”促销活动相关业务洽谈工作：

① 流行商品八折幅度优惠酬宾要求在 4 月 23 日前完成。

② 礼品“嘟嘟回家”的品牌 LOGO 的认刊工作，要求在 4 月 22 日前完成。

③ 要求供应商做好备货、商定迅速补货方式及时间，要求供应商做好已打折秋冬货品的退场工作以便区别8折幅度起酬宾商品供应商分摊。

以上有关贷款结算信息，要以书面形式及时汇总、报批后送传递财务部备案。

(2) 负责做好新进品牌专柜销售码的新增工作，并及时传递给各专柜。

(3) 完成领导临时交办的任务，做好其他方面与此次促销活动的有关提前准备及现场配合工作。

2. 流行百货督导科

(1) 督导组。

① 负责做好新进品牌专柜的员工服务现场管理培训工作。

② 促销活动的现场执行组织工作。

③ 组织营业柜组协助企划科做好赠送品的派发、挂旗悬挂，商场、各品牌专柜及收银台的促销POP告示、活动海报告示的布置。

(2) 营业柜组。

① 做好各品牌专柜员工的折让开单培训工作，将此次活动中需我公司承担的折让金额注明。

② 做好柜组日报表汇总工作，做好挂旗悬挂，商场、各品牌专柜及收银台的促销POP告示。

(3) 收银组。

负责组织做好收银的相关准备工作，备好零钞、调试好收银设备，做好高峰期能实施应急收银预案的准备工作。

(4) 商务中心。

① 做好中庭赠品派发，×× 流行百货VIP卡申请派发工作，派发现场活动气氛及活动海报告示的布置。

② 做好某地各大商场的VIP卡或各品牌专柜VIP卡者、老顾客在 ×× 购物广场消费记录（凭 ×× 购物广场前一天的消费金额达51元以上有效购物单据：二、三楼 ×× 超级市场的电脑小票或一楼 ×× 流行百货的缴款单）到一楼 ×× 商务中心换领 ×× 当日VIP卡兑换登记工作，应注明仅限当天有效的日期。

(5) 完成领导临时交办的任务，做好其他方面与此次促销活动的有关提前准备及现场配合工作。

3. 财务部

(1) 负责本次促销活动期间的贷款结算的相关调整工作。

(2) 完成领导临时交办的任务，做好其他方面与此次促销活动的有关提前准备及现场配合工作。

4. 防损科

(1) 合理安排警力、做好商场的安全防损工作，同时准备紧急异常情况的安全预案。

(2) 完成领导临时交办的任务，做好其他方面与此次促销活动的有关提前准备及现场配合工作。

5. 工程科

(1) 负责提前做好商场的供水、供电、通风、运输设备的运转调试检查工作，负责做好商场二次装修的组织管理工作。

(2) 完成领导临时交办的任务，做好其他方面与此次促销活动的有关提前准备及现场配合工作。

6. 企划科

负责做好促销活动的《×× 晚报》广告稿，要求在 4 月 23 日前完成设计稿、交付广告发布、商场布置、装饰工作，完成领导临时交办的任务，做好其他方面与此次促销活动的有关提前准备及现场配合工作。

7. 电脑科

负责收银系统及设施的调整工作，完成领导临时交办的任务，做好其他方面与此次促销活动的有关提前准备及现场配合工作。

8. 人事行政部

负责做好办理新进厂商专柜员工的入场手续；一楼改造装修的电工等材料及时购买工作；完成领导临时交办的任务，做好其他方面与此次促销活动的有关提前准备及现场配合工作。

9. 营运部

负责协调所属各部门全力配合流行百货商场的促销执行工作，完成领导临时交办的任务，做好其他方面与此次促销活动的有关提前准备及现场配合工作。

10. 本次活动说明

(1) 本次活动范围仅限于一楼流行百货商场。

(2) 顾客购物后请凭购物小票到商场中庭的服务总台申领 VIP 卡、赠品。

(3) 以上酬宾活动的销售商品、赠送礼品一律以现场样品为准，售 / 送完为止。

(4) 本次活动的解释权归泉州 ×× 购物广场有限公司。

九、其他事项

以上促销活动计划书的相关内容一经各部门确认，公司领导批准既可执行，各部门在执行过程中若有需调整的或协调事项应及时上报公司解决，不得隐瞒或私自变通执行；否则，应对由此造成的不良促销效果负责。

任务实施

一、以小组为单位，确定组长，由组长分工并确定组员的工作任务。

二、选择两家连锁企业进行实地调查，了解会员制促销的操作，掌握会员卡的章程的制定、种类和操作。

三、整理分析获得的资料，分析其优、缺点，并制作成 PPT 汇报材料，提出合理化的建议。

任务成果

幻彩与屈臣氏的会员制比较

吴淑雅、谢星星、魏芳芳、吴坤玲

一、企业介绍

1. 幻彩

幻彩创建于1997年，目前拥有福州、厦门、武夷山、邵武、宁德、南昌地区零售店铺22家，现已为52万名会员提供优质商品服务，每年有超过500万客流于旗下连锁零售店铺内尽情选购商品，连续10年被福建省南平市消费者委员会评为“消费者信得过的商店”，2005—2009年被福建省南平市工商局评为“诚信商店”，以“诚信经营，质量第一”的宗旨服务顾客。幻彩是以护肤、彩妆、香氛、日用品为主的化妆品零售连锁店，代表品牌有资生堂、高丝、百雀羚、DHC、欧珀莱、梦妆、薇姿、玉兰油等。

2. 屈臣氏

屈臣氏是和记黄埔有限公司旗下屈臣氏集团的保健及美容品牌。屈臣氏除自有品牌之外，还经营许多其他品牌：阿迪达斯、妮维雅、潘婷、海飞丝、丝蕴、沙宣、力士、丁家宜、卡尼尔、露得清等；其独家品牌：里美、魔法医生；个别店铺还有专柜品牌：芙丽芳丝，薇姿等。

二、对比分析

1. 目的不同

幻彩主要目的是吸引顾客，提升品牌的知名度；屈臣氏主要目的是稳定老顾客，提高销售额。

2. 促销方式不同

幻彩主要是以消费商品积分为主要跟踪手段，根据积分点数多少，回馈消费者礼品，给予顾客更大的优惠。例如，顾客一次性消费满68元以上就能办一张积分卡，首次办卡不参加积分，1元1分，积满1 000分可换取20元礼品。

在屈臣氏，顾客只要交纳10元便可获得会员卡，消费10元积一分，每20分可抵扣1元现金。

3. 促销卡的时限不同

幻彩会员卡的积分，若不使用可累计积分，年终不清零；屈臣氏会员卡积分有效期是至次年的12月31日，逾期失效。

4. 促销成本不同

幻彩：会员卡的工本费加赠送礼品的费用、宣传费；屈臣氏：商品的会员价、会员积分抵扣现金、购买金额满多少，再加上一定的钱可以换购商品、短信费、宣传费。

5. 收益不同

幻彩：带来稳定的销售收入，市场份额扩大，提高品牌知名度；屈臣氏：屈臣氏会员卡必须网上激活才可以使用，既节省了人力花费，又能准确地输入会员资料；提升用户忠诚度，带来稳定的销售收入，开发新客户。

三、总结分析

幻彩与屈臣氏一样，都采取了会员制促销手段，有效地吸引新顾客留住老顾客。在会员卡上印刷标志或者图案，为公司形象作宣传；顾客只需持一张会员卡，即可在旗下的任何一间分店购物消费，大大方便会员。利用会员卡可享受一些优惠的促销方式吸引消费者，提高店内的营业额。无论会员卡的使用方式如何，它们都各有自己的优、缺点，都有不一样侧重的地方，吸引不同的消费者，从而增强企业竞争力。

1. 会员制促销的优点

(1) 培养忠诚的客户，带来稳定的销售收入，增加企业的利润，提高品牌知名度，提高市场竞争力。

(2) 有服务深度，客户成为会员后，能定期收到商家有关新商品的信息并了解商品信息和商家动态，有针对性地选购商品；可定期的举办活动。

(3) 屈臣氏有自己的个性，屈臣氏会员卡必须网上激活才可以使用，既节省了人力花费，又能准确地输入会员资料，可用来分析消费者的偏好，进行市场细分，并根据会员活动推出自己的独家品牌。

2. 会员制促销的缺点

(1) 增加了企业的成本。

(2) 幻彩信息管理不完善，没有对会员实行分类分级管理，没有分析消费者的偏好，企业不能够及时了解消费者需求的变化，以及它们对产品、服务等方面的意见，以便为企业改进产品和服务提供了依据。

(3) 幻彩缺乏经营特色，没有自己的独家品牌。

项目五

DM促销

学习目标

知识目标	技能目标
(1) 了解 DM 促销的含义 (2) 掌握 DM 的选品原则 (3) 掌握 DM 的制作方法	(1) 能够进行 DM 海报的设计 (2) 学会用 Photoshop 制作简单的 DM 促销海报

项目任务

任务：

(1) 以小组为单位，寻找日常生活中赠品促销的实例并对其进行分析，然后做成 PPT。

(2) 以小组为单位，以学校超市为载体，设计并制作电子版 DM 海报一份。

(3) 完成实践训练总结（请填在下表）。

班　级		姓　名	
任　务			
DM 的商品目录			
分类原则			
DM 的优点			
DM 的设计制作方法			
训练体会			

考核标准：

检查内容	评价标准	分值 / 分	得分 / 分
DM 商品目录	DM 的商品目录设计是否完整	10	
分类原则	分类是否符合原则	20	
DM 优点分析	DM 的优点分析是否得当	40	
DM 的设计制作方法	DM 的设计制作方法是否准确	20	
分工与协作的能力	分工与协作的能力	10	
合　计		100	

知识准备

一、DM 促销的含义

DM 是快讯商品广告，又称促销彩页，通常由 8 开或 16 开广告纸正、反面彩色印刷而成，一般用于超市商品促销的宣传手段，通常使用邮递、夹报、人工发放、店内领取等形式送到消费者手中。DM 促销是超市最有效的促销手段。

案例 18： 华联超市以 DM 形式作为商店周期性的主要促销手段，通常每两周推出一期，DM 上所列商品是以季节、月份、天气、温度、流行度、节令等因素所设定。如在夏季以饮料、防暑品、空调等为重点，在冬季则以火锅、熟食、防寒品等为主。一年中的主要节令是做 DM 的最好时机，如元旦、春节、端午节、中秋节、儿童节、国庆节、圣诞节等。

DM 和商品降价特卖、限时抢购、摸彩、抽奖、试吃、竞赛活动等都属商场内重要的促销方式，如图 5.1 所示。

图 5.1　家乐福超市 DM 海报

二、DM 促销的特点

DM 促销的特点在于“直接、快速”，更兼有成本低、认知度高的优点，为商家宣传自身形象和商品提供了良好的载体。传统的媒体，如电视、电台、报纸、杂志、灯箱等媒体有它们自身的特点，但是在如何兼顾、快速、直接、低成本、到位率高、认知率高这几方面，DM 促销有着它不可代替的独特作用。

现在 DM 促销已成为超市、连锁企业不可缺少和替代的宣传工具，随着在国内外不断发展的需要，如何运用好和制作好 DM 快讯，使它发挥应有的作用，是企业必须要做好的工作。

三、DM 促销的目的

DM 就是要最大限度地促进销售、提高业绩，其目的大致可归纳为以下几点：

(1) 在一定期间内，扩大营业额，并提高毛利额。

(2) 稳定已有顾客群并吸引、增加新顾客，以提高客流量。

(3) 介绍新产品、时令商品或公司重点推广的商品，以稳定消费群。

(4) 增加特定商品（新产品、季节性商品、自有商品等）的销售，以提高人均消费额。

(5) 增强企业形象，提高公司知名度。

(6) 与同行业举办的促销活动竞争。

(7) 刺激消费者的计划性购买和冲动性购买，提高商场营业额。

四、DM 促销的类型

1. 邮政商业信函广告

商业信函广告就是工商企业以信函为载体，选择有针对性的目标客户群的地址，打印、封装、寄发的各类产品目录、征订单、宣传单、招商函、明信片广告等。

2. 邮送广告

邮送广告是由商业信函广告演变而来的，利用《中邮专送广告》和各地邮政办理的邮送广告媒体，通过强大的邮政网络传递商业信息，是一种新颖、独特的印刷品广告业务。

3. 新兴的 DM 类广告

在“大 DM”概念下，新兴的 DM 主要有以下几种形式：

① 手机短（彩）信广告。利用手机短信进行点对点或点对多的广告发送，确保“一对一”传递信息，强制性记忆，保证 100% 阅读率。

② 互联网邮件广告等。从收集到的注册用户信息中，筛选出目标受众，通过互联网的电子邮件、专题网页进行点对多广告发送或投放。

③ 企业进行俱乐部营销的会刊、网上会员俱乐部、会员网上论坛等，主要是通过构建网上用户沟通交流的平台——会员俱乐部、定期给会员寄发会刊、组织会员活动、奖励会员免费参与一些活动、享受一些优惠。

五、DM 的散发形式

(1) 通过报纸夹带赠送到消费者手中。

(2) 通过广告人员派发，主要可采取以下几种形式：

① 在有选择的区域派送到消费者的住处。

② 对重点消费者（团体消费者）以邮寄方式发放。

③ 在重点人流区域如车站、停车场等公共场所派送。

④ 在商店门前入口处派发。

(3) 在商场客服区内陈列并供消费者自由索取。

六、DM 促销的优点

(1) DM 不同于其他传统广告媒体，它可以有针对性地选择目标对象，有的放矢，减少浪费。这是其他广告及促销方法所没有的优点，尤其与大众传媒的广告相比，这一优点更为突出。

(2) DM 是对事先选定的对象直接实施广告，广告接受者容易产生其他传统媒体无法比拟的优越感，使其更自主关注产品。

(3) 一对一地直接发送，可以减少信息传递过程中的客观挥发，使广告效果达到最大化。一般广告是在看节目或新闻时偶然映入眼帘的，消费者往往并无主动看广告的意思，然而 DM 却在收受人打开信封时，可以在某一时间内，吸引其注意力。

(4) 可以自主选择广告时间、区域，灵活性大，更加适应善变的市场。

(5) 想说就说，不为篇幅所累，可以尽情凸显商品，让消费者全方位了解产品。因无空间的限制，DM 可以加入详细的内容，所以具有较强的说服力，让消费者可以理解较为复杂的信息。

(6) 内容自由，形式不拘，有利于第一时间抓住消费者的眼球。

(7) 信息反馈及时、直接，有利于买卖双方双向沟通。

(8) 企业可以根据市场的变化，随行就市，对广告活动进行调控。

(9) DM 广告效果客观可测，企业可根据这个效果重新调配广告费和调整广告计划。

七、DM 促销的选品原则

DM 的选品原则是 DM 有效性的重要保障，其原则可分为分类原则和定价原则。

1. 分类原则

1) 同一小分类原则

用商品的特性进行的专业划分，如饮料可分为碳酸饮料、果汁饮料等众多小分类。商品最多不得超过两三件，一件为低价位，另一件为高价位。

因为在同一小分类的商品过多的时候，同一价位的商品被同期 DM 进行促销宣传，势必会导致自己比自己，自己打压自己的局面。例如，可口可乐和百事可乐同时进行促销，“不是东风压倒西风，就是西风压倒东风”，无论谁胜谁负都不是大家所希望的。

分类原则是保障每件 DM 商品都能发挥最大售卖绩效的前提条件。

2）同一商品上档频率要间隔三档原则

如果一个商品连续被选出做 DM 促销，不但不能达到档期内提升商品销量的目的，反而会影响此商品平日的正常销售。这有两点原因：第一，短期内顾客的某种需求会饱和。例如，顾客在前一档购买了促销品，那么在下一档对此商品便不再有需求。第二，长期的低价促销会降低商品价格带，影响商品正常销售。例如，一件商品连续被推出进行低价促销，价格已经不能成为吸引顾客的优势了，更可怕的是当它恢复原价进行销售时，就很难被顾客认可了。

2. 定价原则

定价原则，顾名思义，就是制定价格的标准，DM 商品的定价标准分为进价原则和售价原则。

1）进价原则

商品进价即卖场从供应商处购入商品的价格。当商品被选中做 DM 低价促销宣传时，必定会牺牲商品毛利，商品原利润降低转化成促销成本。促销成本应该由所有的得益者共同承担，即大卖场承担一部分，供应商承担一部分。大卖场要与供应商品进行洽谈，降低其商品原进价。

商品品类不一样，进价的降幅也会有差异。例如，有的卖场将进价降幅标准按照商品类别进行了划分，即杂货类商品降幅≥ 5%，百货类商品降幅≥ 10%。有了具体的降幅标准，商品的毛利才能得到一定保障，商品促销的定价降幅才能游刃有余，而不是没有准则地乱降。

商品的进价降幅计算公式为

$$进价降幅=\frac{正常进价-促销进价}{正常进价}\times 100\%$$

2）售价原则

DM 商品吸引顾客购买的一个最重要的因素就是低价格的刺激。怎样才能让顾客感受到价格的确惊爆，又能最大限度地维持卖场的利润呢？同类商品的顾客消费心理是由两个比较决定的：一个是与未做促销的价格比较，另一个是与其他购物场所比较。针对这两点制定了两个原则：

(1) 由竞争者数据库调出同一商品竞争者历史最低促销价，商品的促销定价不得高于此价格。

(2) 商品的售价降幅，即标准杂货类商品降幅≥ 5%，百货类商品降幅≥ 10%。

商品的售价降幅计算公式为

$$售价降幅=\frac{正常售价-促销售价}{正常售价}\times 100\%$$

只有有了 DM 选品的两个原则作为标准，才能有效地保障卖场的促销成本，吸引顾客的购买，提升卖场的业绩，顾客也乐意及时地得到促销的信息，这能达到皆大欢喜的局面。

知识拓展

一、超市促销 DM 海报举例

1. 母亲节、父亲节促销 DM 海报分别如图 5.2 和图 5.3 所示。

图 5.2 母亲节促销 DM 海报

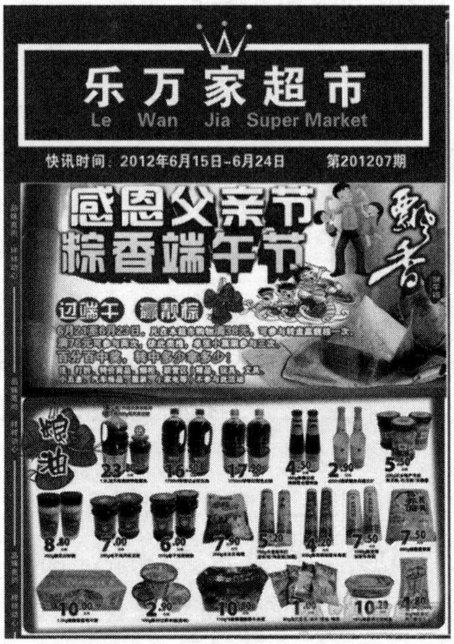

图 5.3 父亲节促销 DM 海报

2. 民得利超市某期促销 DM 海报如图 5.4 所示。

图 5.4 民得利超市某期促销 DM 海报

二、超市促销DM操作指导书范例

某超市促销DM操作指导书

1. DM制作流程

(1) DM立案及会议。由采购部、运营部、企划部、系统部等相关部门人员与会研究、分析竞争对手的销售动态、消费者消费习惯的变化、生活水平的改变及节令和不同季节商品的调整，确定以下事项：

① DM主题。

② 本期DM的重点商品及品项。

③ 供应商的促销活动。

(2) 采购部按照DM时间表的要求确定DM品项。采购部应在两周前就与供应商接触，对本期DM商品的价格和数量进行洽谈，以确定DM商品输入电脑并做变价动作。

(3) 在采购人员确定DM商品后，采购文员协助到门店收取样品进行拍照。DM商品如属新产品，则需采购人员通知供应商携带样品前来拍照，并于制作过程中添入价格栏目；如属特价商品，则需有明显标志，最后打出本期DM的初稿。

(4) 完成后，采购人员应认真仔细核对DM初稿，如有变化或差异应迅速更正，必要时二稿、三稿确认，最后确定正式付印稿并交企划部彩印。

(5) DM完成彩印后，通过邮递或分发等方式，传递到消费者手中；门店工作人员应到企划部领取快讯清单或由企划部门协助发到各门店，熟记下期DM商品。

(6) 门店人员按DM清单做出端架计划时（端架计划由门店店长安排人员执行，采购部门进行指导），必须遵循几项原则，即商品相近原则、整体规划原则、最大销售额原则。

(7) 门店人员核实DM商品的订单及到货情况，查看订货量是否充足，如货量少时，则可暂时将几个商品并做一个端架陈列；货量多时，则可做退货。

(8) 门店人员到企划部申请POP卡。凡是店内提供商品与服务信息的广告、指示牌、引导等标志都可以称为POP广告。POP卡是介绍DM商品品名、价格且悬挂于货架旁的广告纸，它具有强烈的视觉效果，可刺激消费者的购买欲望。

(9) 换端架。时间为此期DM的前一天21:00—22:00，或促销前一天上午就开始更换。更换步骤如下：

① 先撤掉端架上所陈列的上期DM商品，将其补充到货架，使排面丰满，多余商品分箱装好，上库存区，填写库存单的品名、数量以便补货；如库存过大则填写退货单通知供应商退货。

注意：必须在规定的DM退货时间内完成退货工作，避免造成低进高退引起供应商投诉。

② 清空端架，及时将新DM商品拖到空端架位前，此时不能影响现场销售、堵塞通道，商品陈列应齐肩高，陈列时要保持周边区域的卫生并及时清除空纸壳等杂物。

(10) DM商品的陈列应在快讯前一天22:00后至快讯当天营业前逐一完成，撤除上期DM快讯商品POP卡和价签，不能有遗漏，并更换新DM商品的POP卡和价签。

(11) DM生效当天开店前，门店人员逐一检查新DM商品的电脑售价与DM宣传单、POP卡是否一致，如有错误，立即做电脑更正；各楼面人员检查上期DM商品价签是否恢复原价。

(12) 为方便消费者咨询及加快收银速度，客服员与收银员应熟记新DM商品。

(13) 进行当期 DM 商品的销售。

2. DM 活动转档流程

(1) DM 立案及会议。采购部按照 DM 时间表确定 DM 品项。

(2) 企划部到门店或供应商处取样品拍照，以及照片处理，如电脑分色、电脑扫描等工作。

(3) 策划交由广告公司或美工制作初稿。

(4) 采购部核对 DM 初稿，并对 DM 商品进行最后确定，交给企划部做第二稿。

(5) 采购部认真核对 DM 第二稿，确定无误后，交企划部正式制版、彩印。

(6) 门店人员到企划部领取 DM 快讯清单。

(7) 门店人员制订端架计划，核实 DM 商品订单的下达以及追货，确保 DM 商品能及时到货。门店按促销文件及企划部规定组织书写 POP 及价格牌。

(8) DM 快讯成品制作完毕，采购部门核实无误（采购第三次进行核对）后开始派发。

(9) 企划部有选择性地进行区域派发。

(10) 门店运营部门开始更换端架、撤掉上期 DM 商品的端架陈列、新 DM 商品进行端架陈列、 摘取所有旧 DM 商品的 POP 卡和价格标、摆放所有新快讯商品的 POP 卡和价格标。

(11) 企划部门检查新快讯商品电脑售价与 DM 商品宣传售价是否一致，检查服务台、收银台是否熟悉本期 DM 商品，检查上期 DM 商品价格是否恢复原价。

注意：企划部对 DM 商品进行抽查；涉及各区域的商品，由区域负责人全部核对一遍。

(12) DM 商品销售。

3. DM 促销管理

(1) DM 促销管理流程规则。采购部、企划部制订年度 DM 推广计划，品类采购经理围绕每期 DM 主题组织 DM 促销商品。DM 彩页由企划部负责制作，全年滚动连续推出，这是各门店主要的促销及宣传活动形式之一。

(2) DM 商品的选品原则。30% 选取能走量、带动销售的商品；30% 选取新品推广；40% 选取能带来采购收入的商品。

(3) DM 商品确定周期为 DM 开始前 27 天至 DM 开始前 14 天，提交商品清单，共 14 天。DM 制作周期为从 DM 商品清单提交日起至 DM 印刷品送达门店日，共 14 天。DM 评估周期为 DM 开始后至 DM 结束后第 6 天，完成评估报告共 20 天。

(4) DM 制作过程中，各步骤的相关责任人须严格按时完成各自的工作，任何的延误或滞后都可能导致营销促销部不能准时将 DM 送达门店。各品类核稿人在每次核稿后均须签名确认，如各品类核稿人员在核稿校对当日不在公司，应提前通知营销促销部，并安排其他同事代为校对；否则，企划部如对商品不能确认，将取消该商品。

(5) DM 制作过程中，如每个环节未及时完成或人为出错，则处罚相关责任人。相关处罚标准如下：

① 商品的图片、价格或其他相关内容出错，相关品类商品经理罚款 200 ～ 500 元。

② 营销促销部在各制作环节或促销活动内容上出错，负责促销专员罚款 200 ～ 500 元。

③ 印刷制作公司在各制作环节出错，视情节轻重罚款 1 000 ～ 5 000 元。

(6) DM流程涉及部门的主要职能如下：

① 采购部品类采购人员。负责确定（大店及综合店）DM商品，按统一的标准格式按时向企划部提交DM商品清单；负责完成销售评估；负责DM的首单订货，DM商品的货源监控；完成DM单品的货源情况反馈，从系统部提取评估所需求的数据。

② 企划部。负责DM的制作，完成DM商品的市调价格反馈、门店陈列情况反馈及评估报告的汇总。

③ 运营部及所辖门店和部门。负责在DM选品期间做市场调查，对DM商品确定和价格反馈意见，负责在DM评估期反馈DM商品销售情况。

三、某地华联某期DM制作流程案例

时间：××××年7月29日—8月11日

1. 7月15日—7月17日

(1) 7月15日，采购部提交DM商品目录，目录要求如下：

① 商品品名、价格准确无误（由主管签字）。

② 上报目录应使用打印稿，手写无效。

(2) 7月16日，将DM快讯目录呈交总经理审核。采购部准备快讯商品样品。

(3) 7月17日，进行拍照，要求如下：

① 采购部应按目录备全样品。

② 采购部接到通知后，由专人持样品依次到企划部拍照（拍完后将样品清点带走）。

③ 采购部人员在拍照记录上签字以确认样品无误。

2. 7月18日—7月20日

(1) 7月18日，抠正面片。

(2) 7月19日，校对正面片，同时抠反面片。

(3) 7月20日上午，校对反面片。

(4) 7月20日下午，对反面片进行修改，重新打样。

3. 7月21日—7月23日

(1) 7月21日上午，交采购部进行第一次核对。

(2) 7月21日下午，继续修改。

(3) 7月22日，出样片并打样。

(4) 7月23日，印刷。

注意：如采购部未按上述时间完成工作，则应以书面说明交企划部。

任务实施

一、以小组为单位，确定组长，由组长分工并确定组员的工作任务。

二、以学校超市为载体，设计并制作电子版DM海报一份。

三、要注意DM的选品原则，DM海报的主题要明确，设计要合理。

DM 的设计制作方法如下：

(1) 设计人员要透彻了解商品，根据商品的优点，选择设计方式，突出商品优势。

(2)“爱美之心，人皆有之”，故设计要新颖有创意，印刷要精致美观，吸引眼球。

(3) DM 的设计形式无法则，可视具体情况灵活掌握，自由发挥。

(4) 配图时，多选择与所传递信息有强烈关联的图案，刺激记忆。例如，主题是年夜饭时，可把商品整合成一桌年夜饭的景象比分开来排列效果要更具吸引力。

(5) 考虑色彩的魅力，吸引顾客的眼球。

(6) 好的 DM 还应该注重广告技巧，而不是一味对商品进行推销，可以根据消费需求，提供一些商品除外的生活信息。例如，可以加入小菜谱，推出特色菜，提供护肤小知识等；还可根据主题加入文化氛围，例如，介绍中秋节的来源，中秋节的习俗，应该吃什么、穿什么，引导顾客消费，使得 DM 成为消费者贴心的购物指南。设法引导消费者重复阅读，甚至当作一件有价值的纪念册来收藏。

(7) 好的 DM 应纵深拓展，形成系列。与顾客形成互动，加入询问式广告内容，例如，保久奶与鲜奶的差别有哪些？有效的 DM 广告技巧能使你的 DM 看起来更美，更招人喜爱，成为企业与消费者建立良好互动关系的桥梁。

任务成果

轩辉超市 DM 海报（一）

陈莉荣、林小红、饶俊翔、蔡玲梅、郑淑珍

飘柔长效去屑洗发露430mL

22.0 元/件

恰恰香瓜子200g

7.8 元/件

黑人茶倍健牙膏

13.8 元/件

好吃点香脆腰果饼108g

3.5 元/件

旺仔牛奶245mL

5 元/件

银鹭桂圆八宝粥360g

3.5 元/件

双汇鸡肉火腿肠240g

6.5 元/件

康师傅经典奶茶500mL

4 元/件

德芙巧克力43g

7 元/件

老坛酸菜牛肉面5包合一

12 元/件

可比克薯片60g

7.5 元/件

光明畅优植物乳杆菌原味418mL

8.5 元/件

轩辉超市 DM 海报（二）

章毓婷、朱晓琳、陈佳、廖慧萍

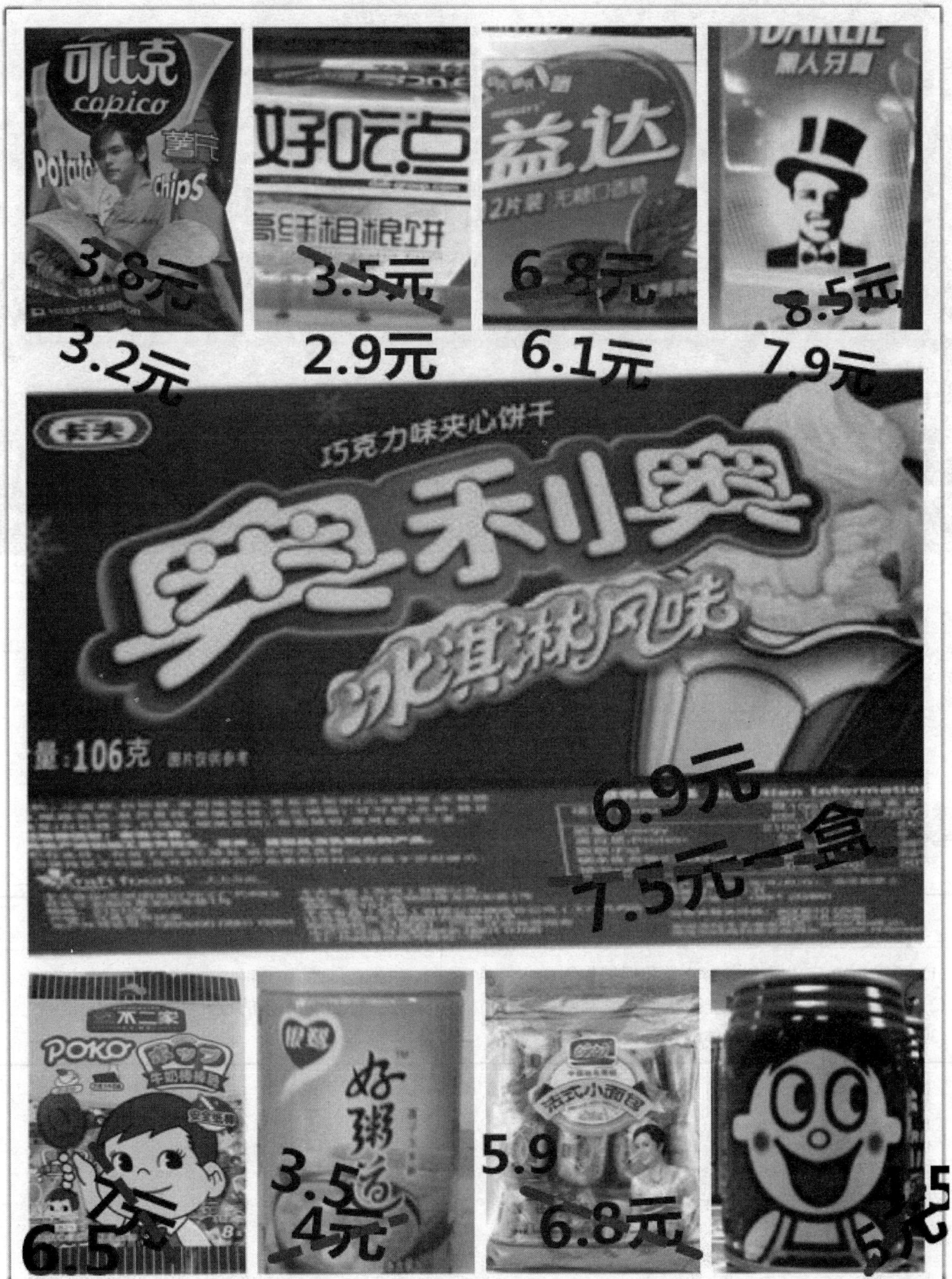
可比克
copico
Potato chips
薯片
3.8元
3.2元
好吃点
高纤粗粮饼
3.5元
2.9元
益达
6.8元
6.1元
黑人牙膏
8.5元
7.9元
巧克力味夹心饼干
奥利奥
冰淇淋风味
量:106克
6.9元
7.5元一盒
POKO
7元
6.5
好粥道
3.5
4元
法式小面包
5.9
6.8元

项目六

POP广告促销

学习目标

知识目标	技能目标
(1) 了解 POP 广告的含义、分类和促销作用 (2) 了解我国连锁企业 POP 广告的现状与对策 (3) 掌握手绘 POP 广告字体的设计	学会手绘 POP 广告的设计和制作

项目任务

任务：

(1) 以小组为单位完成，制作店内手绘 POP 广告一份。

(2) 完成实践训练总结（请填在下表）。

班　级		姓　名	
任　务			
数字的书写			
活体字的书写			
变体字的书写			
手绘 POP 的要求			
训练体会			

考核标准：

检查内容	评价标准	分值 / 分	得分 / 分
数字的书写	数字的书写是否规范	20	
活体字的书写	活体字的书写是否符合要求	20	
变体字的书写	变体字的书写是否规范	20	
手绘 POP	手绘 POP 是否符合要求	30	
分工与协作的能力	分工与协作的能力	10	
合　计		100	

知识准备

一、POP 广告的含义

POP 是英文 Point of Purchase 的缩写形式。Point 是“点”的意思。Purchase 是“购买”的意思，Point of Purchase 即“购买点”。这里的“点”，具有双重含义，即时间概念上的点和空间的点。

POP 广告的具体含义就是在购买时和购买地点出现的广告。POP 广告（Point of Purchase Advertising）又称为店面广告、卖场广告或销售点广告。它是一个与商品有连带关系的广告，是商店或厂家在销售现场向顾客做的最后的广告。

POP 广告通常包括在橱窗、柜台、地板上或墙面上所挂放的各种有关商品信息和引导顾客购买的标志等，如图 6.1 所示。

图 6.1　POP 广告

1. 广义的 POP 广告

广义的 POP 广告的概念，指凡是在商业空间、购买场所、零售商店的周围及内部，以及在商品陈设的地方所设置的广告物，都属于 POP 广告。例如，商店的牌匾、店面的装潢和橱窗，店外悬挂的充气广告、条幅，商店内部的装饰、陈设、招贴广告、服务指示，店内发放的广告刊物，进行的广告表演，以及广播、录像电子广告牌广告等。

2. 狭义的 POP 广告

狭义的 POP 广告的概念，仅指在购买场所和零售店内部设置的展销专柜，以及在商品周围悬挂、摆放与陈设的可以促进商品销售的广告媒体，如图 6.2 所示。

图 6.2　新一佳超市 POP 广告

案例 19： POP 广告只是一个称谓，但是就其形式来看，在我国古代，酒店外面挂的酒葫芦、酒旗，饭店外面挂的幌子，客栈外面悬挂的幡帜，或者药店门口挂的药葫芦、膏药或画的仁丹，以及逢年过节和遇有喜庆之事的张灯结彩等，都可谓 POP 广告的鼻祖。

二、POP 广告的作用

1. 对商品的促销起着积极的作用

POP 广告对商品的促销能起的积极作用，具体有以下几个方面：

(1) 传达商品信息。主要表现在：吸引路人进入超级市场；告知顾客超级市场内在销售什么；告知商品的位置、配置、价格、特价商品；简洁告知商品的特性；告知顾客最新的商品供应信息。

(2) 创造店内购物气氛。随着消费者收入水平的提高，不仅其购买行为的随意性增强，而且消费需求的层次也在不断提高。消费者在购买过程中，不仅要求能购买到称心如意的商品，而且要求购物环境舒适。POP 广告既能为购物现场的消费者提供信息、介绍商品，又能美化环境、营造购物气氛，在满足消费者精神需要、刺激其采取购买行动方面有独特的功效。

(3) 强化沟通互动。POP 具有单纯明快的形式，在设计上简洁醒目，富于视觉传达功效，而且其造型和文字通俗易懂、阅读方便，具有趣味性和较好的直觉审美效应。因此，POP 表现出良好的亲和力，并由此和顾客进行充分、全面的沟通。

案例 20： 日本一家超级市场对 POP 广告短语促销效果进行了调查，见表 6-1。

表 6-1　日本一家超级市场 POP 广告短语促销效果调查

商　品	没有用 POP 广告的日销售量	使用 POP 广告的日销售量	增长率	POP 广告短语
洗衣粉（500g）	22	40	82%	清爽一片，浓情无限
醋汁（300mg）	51	60	18%	调出生活好美味
洗发水（750mg）	30	42	40%	想拥有更自然的头发吗
牛奶（250mg）	221	412	86%	健康您的人生
浓缩果汁（1 000mg）	12	23	92%	营养丰富的果汁送您美丽生活
炒锅	8	13	63%	盛满全家人的幸福享受
麦芽啤酒（250mg）	89	125	40%	让您的餐桌更营养更丰盛

2. 有利于塑造良好企业形象

目前，国内的一些连锁企业很注重企业形象的宣传。POP 广告同其他广告一样，通过提高商品形象和企业的知名度来达到塑造良好企业形象的作用。

三、POP 广告的分类

根据不同的标准，可对 POP 广告进行不同的分类。不同类型的 POP 广告，其功能也不尽相同，如图 6.3 和图 6.4 所示。

图 6.3　招牌 POP 广告

图 6.4 粘贴 POP 广告

1. 按照 POP 广告的体现形式分类

POP 广告按照体现形式分类见表 6-2。

表 6-2 POP 广告的分类

名 称	体现形式	功 能
招牌 POP 广告	店面、布幕、旗子、条幅、电动字幕	向顾客传达企业识别标志、销售信息
粘贴 POP 广告	海报的形式	反映店内商品信息、活动信息
悬挂 POP 广告	悬挂在超市卖场中的吊牌、吊旗等	用来活跃卖场气氛
标志 POP 广告	超市内的卖场引导标志牌	用来向顾客传达购物方向，商品摆放位置的
包装 POP 广告	礼品包装、赠品包装	促进商品的销售
灯箱 POP 广告	将灯箱固定在货架的端侧或者上侧	起到指定商品的陈列位置和形成品牌专卖的形象作用

2. 按照 POP 广告摆放的位置分类

按照 POP 在超市中的摆放位置及其所起到的作用，可以分成 3 类，即外置 POP、店内 POP(图 6.5) 和陈列现场 POP 三者的形式与功能的比较见表 6-3。

表 6-3 外置 POP、店内 POP 及陈列现场 POP 的形式与功能

名 称	具体形式	功 能
外置 POP	超级市场招牌、布幕、旗子、条幅	① 告知顾客这里有家超级市场 ② 告知顾客这家超级市场所售商品种类 ③ 告知顾客这家超级市场正在做促销活动
店内 POP	卖场引导 POP、特价 POP、气氛 POP、厂商通报、广告版	① 告知顾客某种促销商品的陈列位置 ② 告知顾客某种商品的促销形式及优惠幅度 ③ 传达商品情报及厂商信息

续表

名　称	具体形式	功　能
陈列现场 POP	展示卡、分类广告、价目卡	① 告知顾客超市某种商品的品质、使用方法、厂商名称 ② 帮助顾客挑选商品 ③ 告诉顾客广告品或推荐品的位置、尺寸及价格 ④ 告诉顾客商品的名称、数量、价格，以便顾客做出购买的决定

图 6.5　店内 POP 广告

3. 按照 POP 广告所起的作用分类

POP 广告从功能上又分为两大类：气氛类 POP 和促销类 POP。气氛类 POP 主要作用是烘托卖场气氛，构建卖场与众不同的个性文化风格与理念；促销类 POP 的功能主要在于通过简洁的信息，有效地刺激顾客的购买冲动，实现成功的交易。二者的形式、功能与使用期限的比较见表 6-4。

表 6-4　销售 POP 广告与装饰 POP 广告的形式、功能与使用期限

名　称	具体形式	功　能	使用期限
销售 POP	手制的价目卡，拍卖 POP、商品显示卡	① 代替店员出售商品 ② 帮助顾客选购商品 ③ 促进顾客的购买欲望	拍卖期间或特价日，多为短期使用
装饰 POP	形象 POP、消费 POP、张贴画、悬挂小旗	制造店内气氛	一般长期使用，具有季节性特征

四、我国连锁企业 POP 的现状与对策

1. 我国连锁企业 POP 的现状

我国目前 POP 广告发展的情况，一般中西部不如沿海发展得快，沿海在 20 世纪 70 年代末 80 年代初已经开始发展起来，如今已达到兴盛的程度；而中西部的 POP 广告却正在形成气候。当然，从国际的大环境来看，国内的发展还是不如国外，特别是日本及欧美的一些经济发达国家。

案例 21：POP 广告起源于 20 世纪的二三十年代，源于美国的超级市场和自助商店里的店头广告。1939 年，美国 POP 广告协会正式成立，自此 POP 广告获得正式的地位。20 世纪 30 年代以后，POP 广告在超级市场、连锁店等自助式商店频繁出现，于是逐渐为商界所重视。20 世纪 60 年代以后，超级市场这种自助式销售方式由美国逐渐扩展到世界各地，所以 POP 广告也随之走向世界各地。到 20 世纪七八十年代，POP 广告才传入我国，在我们国家，POP 目前还正处于一个奋起的阶段，还落后于一些发达的国家，这是事实。我们只有面对现实、奋力追赶，才有可能赶上或超过先进的国家。

1）连锁企业对 POP 认识程度不够

POP 进入中国零售卖场的时间并不长，以 1998 年北京华堂商场大面积应用 POP 为起点，一些零售企业开始采用马克笔书写 POP，并陆续设置 POP 美工这一职位。许多企业是被动地应用 POP，对 POP 应用认识很初级，对于 POP 在营销中作用没有清晰的认识，对于促销与 POP 的关系，很多国内企业更是没有概念。因此，POP 也经常被冷落，有些连锁企业认为 POP 是负担，甚至要取消 POP。

2）国内的零售企业 POP 数量稀少、更换缓慢

譬如说，家乐福、好又多、华堂商场等企业的 POP 数量十分庞大，基本可以达到 120 ～ 150 张 / 百平方米，更换时间平均为一周一次（有的企业可能达到 2 ～ 3 天），但总体看来，国内的零售企业 POP 数量稀少、更换缓慢，经常可以看到一张 POP 悬挂 2 ～ 3 个月，破烂不堪，早就失去了 POP 的作用。

3）POP 价格标识体系简单、粗糙

譬如说，家乐福的价格标识体系有 20 多种，好又多也有 10 多种，这些标识体系形成了不同的 POP 应用方式，与企业的 CIS 系统形成一个整体，同时这些企业也会不遗余力地大肆宣传这些价格标识体系（如家乐福的“棒”系列），在客户心目中形成了固定的促销定式。但总体看来，与外资零售企业相比，我国国内的企业 POP 价格标识体系简单、粗糙，仅有“商品推荐”“促销商品”几种，也不注意进行宣传，在客户心目中没有形成特定的促销概念。

4）POP 的悬挂位置与展具不够规范

外资零售企业非常重视卖场各个排面的 POP 展示，可以说在卖场各个位置、各个角度均可以看到 POP(POP 的形式有吊旗、堆头排促、货架排促等），POP 的位置充分考虑人体工程，而我国国内许多企业的 POP 可以说是胡乱悬挂，POP 的尺寸经常与商品陈列不成比例。

POP 的展具采用天花板悬挂、L 形架、T 形架的比较多，而采用新型 POP 展具（如排促等方式）不多，在国内零售企业，许多有效的促销视觉空间经常被浪费。

5）连锁企业的手工书写 POP 很难规范

国内目前书写 POP 的主要方式是马克笔手工书写，书写一张 POP 时，由于各个书写项的字体要求不一样（如商品品名采用细黑字体，而价格采用粗红字体），所以会需要经常换笔，大大影响了速度。

由于国内的 POP 基本采用手工书写，POP 美工的书写强度很大，所以许多场合的 POP 书写字体非常差，书写潦草，POP 上面的字要去猜，而且错误时有发生，有时会形成客户与企业的纠纷，严重影响了 POP 的功效。在采用手工书写 POP 的情况下，连锁企业的 POP 很难规范，每个店、每个美工的字体都不一样，大大影响了连锁店的“统一形象”的原则。

6）POP 的色彩呈现两种极端

POP 的色彩呈现两种极端，一种是极端不重视色彩，只采用一两种色彩书写 POP，比如采用黑色表示促销价格，对于促销价没有进行突出；另一种则是过度追就唯美及装饰性，比如某个电器连锁店使用了一张 16 种色彩的 POP，这样的 POP 只能让人感到眼花缭乱。一般正规的零售企业通常在书写商品品名、规格等会采用黑色字体，而表示价格会采用大红色。

7）POP 的纸张消耗很大，造成浪费的现象

POP 纸张是目前卖场的特殊耗材，在重视 POP 的企业，每年的纸张消耗很大，是促销成本中很大的部分、在连锁企业总部或分部采取统一采购 POP 纸张，费用很大，但是也会形成个别人黑色收入的一部分，这也是某些门店抵制其他形式 POP 的原因之一。

目前国内 POP 的纸张基本上是采用印刷方式，将 POP 的题目、花边事先印刷好，然后再由美工进行手工书写；国内的 POP 受美工陈旧认识的局限，尺寸都偏大，如采用 A2 幅面或 A3 幅面。而日本卖场 POP 的尺寸最大是 A3，基本都是 A4、A5、A6，国内 POP 很多与商品陈列不成正比，实际上造成浪费。由于采用手工书写 POP，而书写工具马克笔很硬，所以 POP 的纸张必须是 157g 以上的有光铜版纸（个别高达 300g），以防止写透，与国际流行普遍采用 70g 复印纸相比，浪费很大。

8）国内的连锁企业 POP 美工地位、素质比较低

有些国内企业会认为这些美工是企业的负担，因此不会设置专职美工，需要时再临时抽调大量的兼职人员，也导致了 POP 质量的大幅度降低。与其他部门相比，一般卖场 POP 美工的工作环境是比较差的，如工作空间拥挤、书写台各种纸张堆积、杂乱不堪等。

国内连锁企业的 POP 美工大多水平较低，从美术功底看，很多没有手绘美工基础，对于色彩的理解很差，POP 的技能来源基本是半路出家，或者是师傅带徒弟的方式。许多 POP 美工对于采用现代技术（如 POP 制作系统）来降低劳动强度时表现出十分反感的强烈态度，尤其是一些学历过低或者是年龄偏大的美工，不希望面对这些可能取代他们的新型技术，表现了极大的封闭性。许多 POP 美工对自己的工作都不是非常满意，认为自己的职业没有前途，但是认为也没有其他出路。

案例 22：图 6.6 列举了国内外的几幅 POP 广告招贴，大家可以对它们展出的效果进行比较讨论。

图 6.6　几幅 POP 广告招贴

2. 我国连锁企业 POP 的对策

1）加强对 POP 的认识

认为 POP 是经营负担的企业不在少数，但是今后的零售竞争重点，将集中在促销方面，没有促销的企业，是不会有客户流的。对于许多成功的外资企业来说，商品陈列与 POP 是密不可分的，POP 对于销售及促销是根本不可以或缺的，POP 在卖场的地位等同于货架。因此，国内的连锁企业必须重视 POP 的作用。

2）加强对 POP 广告促销的管理

国内的零售企业至今依然停留在靠卖场地理位置竞争的阶段，认为地理位置好，销售额自然会上去，但是根据日本零售企业的经验，由于交通状况的日益恶化及人们出行范围的扩大，卖场的地理位置不再是第一重要，重要的是要用 POP 广告来告知顾客新产品的功能、唤起消费者潜在购买意识、取代售货员的作用、营造良好的销售气氛、塑造品牌形象的功能。对于连锁企业来说，必须把 POP 广告促销作为一项最重要的日常工作来抓，严格和规范 POP 的申请、审批、制作的基本工作流程，在平时进行促销、需要书写 POP 时，各个柜组、供应商必须填写 POP 申请单，而在进行大型促销时，则由策划部统一通知 POP 美工制作 POP。同时，要增加 POP 的数量与加快 POP 的更换，使 POP 价格标识体系在顾客心目中形成固定的促销定式，规范 POP 的悬挂位置与展具等工作当作一个整体流程进行管理。

3）改进 POP 的制作方式

由于我国目前的 POP 制作方式大多是采用手工书写，手工书写耗资高（纸张费用高）、人员占用多、时间周期长、出错率高、卖场形象不好， 而在国外的零售企业中，POP 完全通过专业的软件产品由电脑实现。方便快速、成本低廉的机打制作方式使 POP 满足现代化的超市营销需要成为可能。由于机打 POP 可以克服手绘 POP 的种种弊端，并且形式规范，在输出具有丰富色彩和图形的 POP 方面具有更加明显的优势，所以特别适合大中型超级市场业的需要。在欧美等零售业发达的国家，机打 POP 已经成为零售行业的标准规范。

4）提高卖场美工的素质和地位

随着连锁企业的发展，卖场美工要不断地提高自身的素质。只会书写 POP 的卖场美工是没有生存空间的，这些只会手工术写 POP 的人员在现代技术的冲击下，很快会被淘汰，因此，这些只具有单一技能的美工必须全面提升自身的技能，向卖场陈列、促销组织等方面的技能发展，只有这样才可以在连锁企业中具有一席之地。在国外，特别是日本，许多由 POP 美工提升的促销管理人员的地位是非常高的，由美工转向促销组织者、卖场陈列者是目前 POP 美工的唯一出路。

知识拓展

一、POP 广告的设计

POP 广告的设计总体要求就是独特，不论何种形式，都必须新颖独特，能够很快地引起顾客的注意，激发消费者“想了解”“想购买”的欲望。售点广告的运用能否成功，关键在于广告画面的设计能否简洁、鲜明地传达信息，塑造优美的形象，使其具有较强的感染力。只有好的创意和设计，“小广告”才能达到大效果。

具体来讲，POP 广告设计应遵循以下原则：

(1) POP 广告成功的关键在于寻求有的放矢地表现最能说服、打动顾客的内容。从时点上看，POP 广告是直接沟通顾客和商店的媒介，因此，在设计和运作方面，特别注重现场广告的心理攻势。实践证明，成功的 POP 广告可在某种程度上缓解消费者的动机冲突，有效地促进销售，关键在于寻求有的放矢地表现出最能说服打动顾客的内容。

(2) 造型简练、设计醒目。要想在纷繁众多的商品中引起消费者对某一种或某些商品的注意，必须以简洁的形成、新颖的格调、和谐的色彩突出自己的形象。POP 广告因其相对体积小、容量有限，要想将其置于琳琅满目的各类商品之中而不被淹没，并且又不显得花哨低俗，其造型应该简练；标志设计应该醒目，画面的版面设计要突出而抢眼，既方便阅读，又重点鲜明、有美感、有特色，和谐而统一。

(3) 强调现场广告效果。应根据零售店经营商品的特色，如经营档次、零售店的知名度、各种服务状况，以及顾客的心理特征与购买习惯，力求设计出最能打动消费者的广告。

(4) POP 广告设计以精致美观为前提。设计简陋、毫无新意、制作粗糙的 POP 广告不但不能很好地显示商品的品质，反而还会影响消费者改变消费态度。

(5) 务求方便性。POP 广告无论在室内、室外，都要受到一定的空间限制，只能借助有限的空间来传播商品信息，所以必须考虑放置 POP 广告的商店内实际情况。

POP 广告要与电视、报纸和户外广告的视觉形象相统一，才能使顾客把已经接触到的同一商品的其他广告回忆起来，使广告的效果得到成倍地放大。

(6) POP 广告文案设计技巧。力求简明、易读，重要内容先写，最好分开逐条书写，最好在每条文前加记“*”“•”“#”等符号，每行以不超过 15 个字为宜，文中尽量少用外文。

(7) POP 广告的图文必须有针对性地、简明扼要地表现出商品所能提供的特殊利益、优点、特征等内容。

(8) 日用品类商品一般都是反复性购买的，可以将商品的包装设计成诱发下次购买的媒介，如包装上加上有价格、对话式的广告贴纸等。在饼干、糖果、饮料、洗涤剂等日用品营销上使用此法，屡试不爽、收效显著。

(9) 价格是 POP 广告信息组成中的重要单元，在其内容编排时最好考虑留出一块重要的位置和足够的面积，用来标出商品的价格。

(10) 在销售现场，到处都可以看到商品实物陈列，无须在 POP 广告上再印上商品陈列的画面。

(11) POP 广告要使顾客易读、易了解，就必须有良好的撰文人员，所以一般情况下，宜由精于商品内容的商品专员来担任。

(12) 颜色调配以不超过三色为宜，多了反而使人眼花缭乱，产生反效果。

(13) 造型与色彩必须配合季节、喜庆节日，考虑季节性和生活习惯等客观因素。

(14) POP 广告文案好坏原则有：应有创意，对读看者产生直接冲击并产生连续兴趣；提供产品信息，强调销售重点；简明，有趣，易懂；用消费者常用的话语；生动，一目了然。

(15) 应选择质料轻而坚固的材质。

二、POP 广告的制作

1. POP 广告的制作要求

(1) 文字要求。从消费的角度出发，简单明了、通俗易懂、重点突出。

(2) 色彩要求。底色衬托字，几种颜色组合并突出重点。

(3) 媒介要求。运用实物进行没有文字说明的，但一目了然、心领神会的实物演示，如钟表放在水中、彩电全部打开频道、食物进行现场品尝、服装模拟表演。

(4) 时令要求。注意季节性，如母亲节、父亲节、教师节。

2. POP 广告的制作方式

POP 广告的制作方式、方法很多，材料种类不胜枚举，但是目前国内 POP 制作方式主要有以下 4 种：

(1) 手工书写法。这是目前最主要的方式。

(2) 软件制作。有采用通用软件制作（如 Photoshop 等）和专用软件制作两种方式。

(3) 印刷制作。即采用统一印刷的方式制作 POP，这种情况在便利店非常多。

(4) 翻牌 POP。这是将价格数字事先制作好，进行促销时仅仅将价格牌上下翻动，这种方式在各地的沃尔玛、好又多、卜蜂莲花比较常见，具有费用低等特点，但是由于价格牌上面没有商品品名，实际效果一般。

3. 手绘 POP 的制作

1) 手绘 POP 的基本点

目前，我国的 POP 制作方式较多采用手工书写。手绘 POP 最具机动性、经济性、亲和性。同时，手绘 POP 必须具备以下 3 个基本点：

(1) 醒目。在卖场中都会陈列着各种大小不同颜色各异的商品。在这个五光十色的环境中，如果将全部的 POP 都统一使用白纸制作，那当然不会引起顾客的特别注意。应该从用纸的大小和颜色上想办法，尝试使用不同颜色的纸制作 POP，一定会收到不同的效果。

顾客对不同颜色有不同的感觉，例如，黄色给顾客一种价格便宜的感觉，淡粉色和橘黄色的效果不错。与冷色系相比，顾客大多更喜欢暖色系。

另外，POP 的面积还应该根据商品的大小、书写的内容而发生变化。对于成堆摆放的特价商品，应该采用大型的 POP，而对于货架摆放的小型商品，在制作 POP 时则要注意用纸的大小，不要将商品全部挡住为好。不同大小的 POP 都要准备。

(2) 简洁。POP 不可能无限放大。此时，如何将想要宣传的内容全部准确地表达出来就是个问题。虽然传达给顾客的信息越详细越好，但是如果将很多的内容用很小的字写在 POP 上，如果顾客看不清，就根本不会去看。出于这样的考虑，应该尽量将商品的特点总结成条目，并且至多 3 条。

POP 是吸引顾客注意商品的手段，将商品的特点总结成条目，便于顾客阅读，也就便于顾客了解商品。

另外，书写 POP 用的笔，应该控制在 3 种颜色以内。如果字体的颜色太多，反而会令顾客眼花缭乱，不容易看清。

(3) 易懂。介绍商品的语言要让顾客一目了然，不能含混晦涩。

2) 手绘 POP 字体的设计

(1) POP 绘制工具。油性马克笔、双头记号笔、水性马克笔。

(2) 基本运笔方法。采握铅笔的姿势、笔跟纸张成 45° 角、动手臂不动手腕、笔画交接渗入 1/2 ～ 2/3、写满格，如图 6.7、图 6.8 和图 6.9 所示。

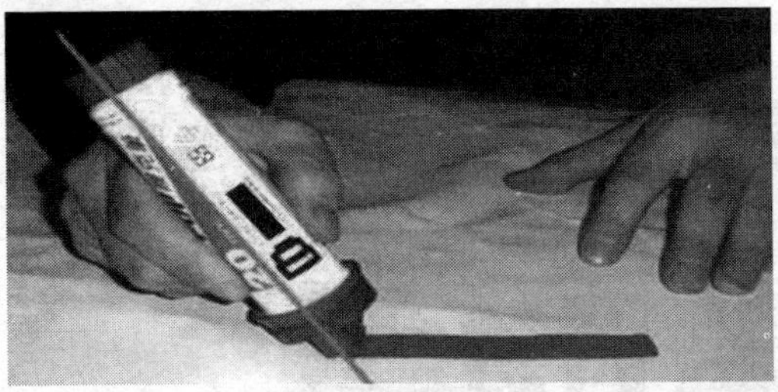

(a) 写“横”笔画时，大拇指和食指握笔方法

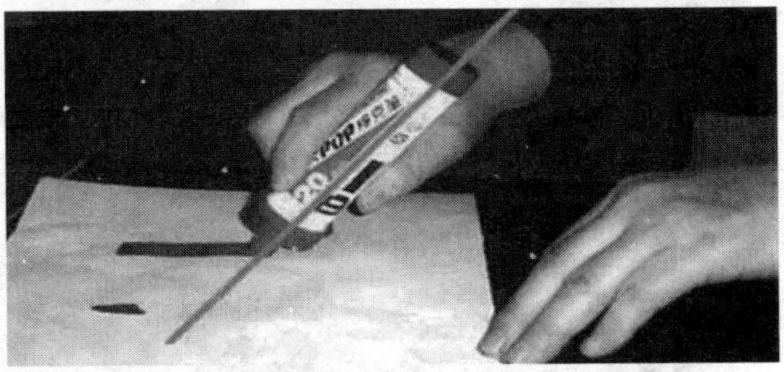

(b) 写“竖”笔画时，大拇指和食指握笔方法

图 6.7 握笔示意图

图 6.8 笔画书写示意图（一）

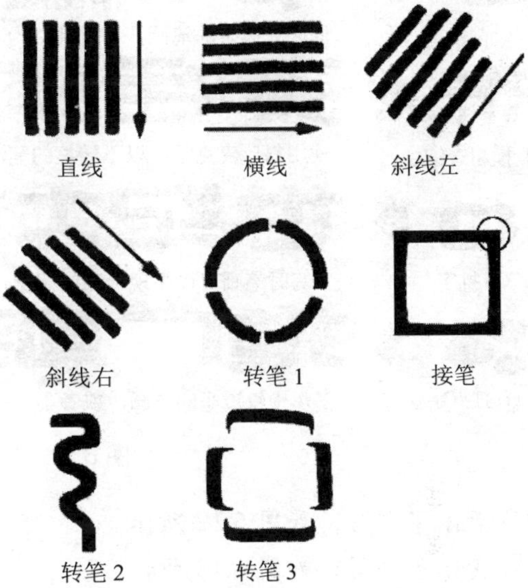

图 6.9 笔画书写示意图（二）

(3) POP 字体书写原则。每一条线都是一笔画好，避免重复涂描。

(4) 数字的书写，如图 6.10 所示。

图 6.10 数字书写示意图

(5) 字体的书写，如图 6.11 所示。

① 正体字的特点：横平竖直，充满格子，均衡布局；上下顶头，左右碰壁，基本上是直立和扩充的感觉。

② POP 广告正体字书写要诀：靠外框、长度同、宽度同、口加大、少让多、斜改直、短出头、笔画连、笔画直。

图 6.11　字体书写示意图

③ 活体字书写，如图 6.12 所示。

④ 变体字书写，如图 6.13 所示。

图 6.12　活体字书写示意图

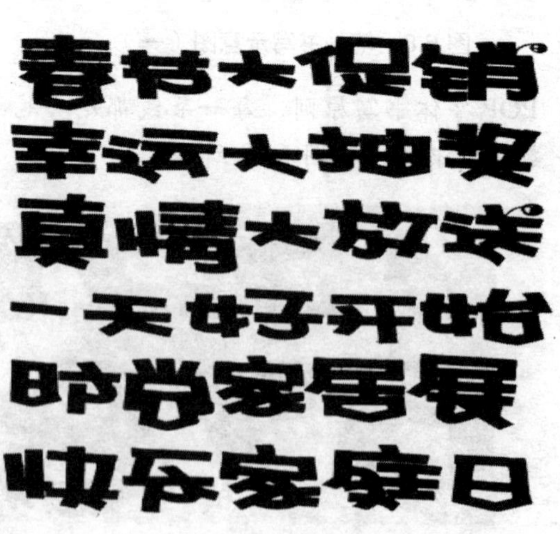

图 6.13　变体字书写示意图

(6) 手绘 POP 广告示例，如图 6.14 所示。

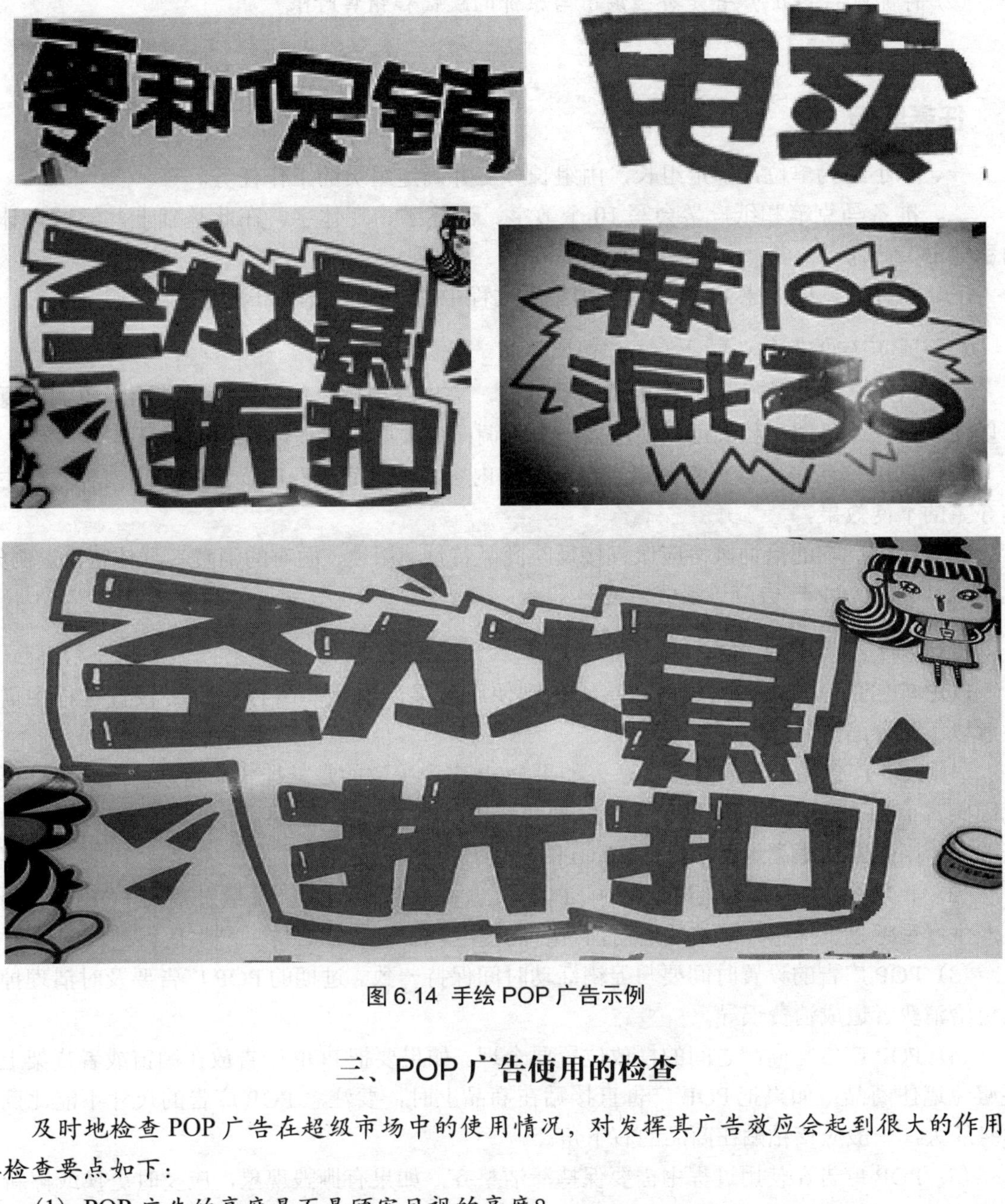

图 6.14 手绘 POP 广告示例

三、POP 广告使用的检查

及时地检查 POP 广告在超级市场中的使用情况，对发挥其广告效应会起到很大的作用，其检查要点如下：

(1) POP 广告的高度是否是顾客目视的高度？

(2) 是否依商品的陈列来决定 POP 广告的尺寸大小？

(3) 广告上是否有商品使用方法的说明？

(4) 有没有脏乱和过期的 POP 广告？

(5) 广告中关于商品的内容是否介绍清楚（如品名、规格、价格、期限）？

(6) 顾客是否看得清、看得懂 POP 广告的字体，是否有错别字？

(7) 是否由于 POP 广告过多而使通道视线不明。

(8) POP 广告是否有水湿引起的卷边或破损？

(9) 特价商品 POP 广告是否强调了与原价的跌幅和销售时限？

任务实施

一、以小组为单位，确定组长，由组长分工并确定组员的工作任务。

二、准备马克笔和纸，学会写 10 个数字、活体字、变体字，在此基础上，尝试设计店内手绘 POP 一份。

三、设计时，要注意 POP 广告促销策划过程中的一些事项，如下所述。

1. POP 广告的制作

(1) POP 广告纸张色彩的使用要恰到好处，突出季节感，如春天可以使用粉色调；夏天可以使用蓝、绿色调；秋天可以使用橙、黄色调；冬天则可以使用红色调。

(2) POP 广告中应该重点突出文字部分的内容，避免底色花哨而影响文字内容，产生喧宾夺主的不良效果。

(3) POP 广告的措词风格应该直接反映商品特性、用途、面对的消费者群体特点。例如，儿童玩具类的 POP 广告应该活泼可爱。

2. POP 广告的摆放要点

POP 广告的摆放是否科学，直接影响到使用效果，因此，在 POP 广告设置过程中需要注意以下几方面的问题：

(1) POP 广告的设置高度要合适。如果 POP 广告采取的是悬挂式，则悬挂的高度既要避免因距离商品太远而影响促销效果，又要防止遮挡消费者的视线；如果 POP 广告采取的是张贴式，则张贴在距离地面 70 ～ 160cm 的高度范围内比较合适。

(2) POP 广告的设置数量要适中。POP 广告并非越多越好，数量过多的 POP 广告会让人产生厚重感、压抑感，遮挡通道内消费者的视线，影响购物心情，产生适得其反的效果。

(3) POP 广告的设置时间要与促销活动时间保持一致。过期的 POP 广告要及时清理掉，以免给消费者造成消费误导。

(4) POP 广告与商品之间的摆放位置要合理。如果要把 POP 广告放在橱窗或者货架上，要避免遮住商品；如果把 POP 广告直接贴在商品上时，要注意 POP 广告的尺寸不能比商品本身还大，一般应该粘贴在商品的右下角。

(5) POP 广告在使用过程中需要保持清洁整齐，如果有撕毁现象，应及时更换或擦新。

另外，POP 广告摆放的方向性要统一，要点如下：

(1) 在通道旁，POP 广告方向要与通道成直角向内侧，所有 POP 广告成为一条直线。

(2) POP 广告摆放在卖场时，应与商品所在的货架平行向内侧。

(3) 花车 POP 广告的摆放在花车旁并与之平行。

任务成果

店内 POP 设计（一）

谢渐昕、黄丽霞、高松翔、潘颖

店内 POP 设计（二）

谢星星、吴淑雅、魏芳芳、吴坤玲

项目七

商品陈列促销

学习目标

知识目标	技能目标
(1) 了解商品陈列促销的含义 (2) 掌握商品陈列的方法 (3) 掌握商品陈列的影响因素	(1) 能够进行商品货架陈列 (2) 能够进行超市堆头陈列

项目任务

任务：

(1) 以小组为单位，在校内实训基地进行超市堆头技能竞赛。

(2) 完成实践训练总结（请填在下表）。

班　级		姓　名	
任　务			
陈列的主题			
陈列的原则			
陈列的选品			
分工与协作的能力			
竞赛的体会			

考核标准：

检查内容	评价标准	分值 / 分	得分 / 分
陈列的主题	陈列的主题是否新颖	30	
陈列的原则	陈列是否符合原则要求	30	
陈列的选品	陈列的选品是否合理	30	
分工与协作的能力	分工与协作的能力	10	
合 计		100	

知识准备

一、商品陈列的含义

通俗地讲，商品陈列就是商品在货位、货架和柜台内的摆放、排列等，如图 7.1 所示。具体来说，商品陈列是以产品为主体，运用一定艺术方法和技巧，借助一定的道具，将产品按销售者的经营思想及要求，有规律地摆设、展示，以方便顾客购买，提高销售效率。商品陈列是销售产业广告的主要形式，也是一种重要的宣传手段。陈列是商品销售的始点，没有好的商品陈列就没好的商品销售。

图 7.1 商品陈列

二、商品陈列的作用

商品陈列可以充分地展示商品的形态美与时尚美等，从而引发消费者的购买欲。商品陈列本身就是向顾客推荐商品，对消费者的购买产生引导作用。对于那些积压滞销的商品，通过商品陈列巧妙地搭配组合，使其再度引起消费者的注意和兴趣。

通过便于顾客比较和选购的商品陈列，既可促进企业间的竞争，又能反映出商品的受消费者喜欢的程度，从而帮助企业生产出满足消费者需要的产品。

三、商品陈列的基本原则

1. 一目了然的原则

店内商品的大、中、小分类要表示清楚不能混乱，使顾客在超市内很容易找到自己所需商品。商品陈列位子要符合顾客的购买习惯，一些季节性、节日性的新商品、促销品、特价商品的陈列要醒目显著。陈列的商品要使顾客容易看到，要正面朝向顾客，商品排放要从左至右，价格标签要放在该商品排面的最左端。

2. 容易挑选的原则

店内应充分利用灯光，让光线明亮，以增加商品的新鲜度；陈列的状态要使顾客容易挑选，按商品分类进行陈列，价格标签、POP 要摆放正确。一般情况下，由人的眼睛向下 20° 是最容易看到的。人类的平均视角是由 110° ～ 120°，可视宽度范围为 1.5 ～ 2m，在店铺内步行购物时的视角为 60°，可视范围为 1m。

3. 便于取放的原则

商品陈列的位置要恰当方便，货架上陈列的商品与隔板要有一定的距离，让顾客能方便取放商品。货架陈列商品要稳定，给顾客以安全感。顾客在购买商品的时候，一般是先将商品拿到手中从所有的角度进行确认，然后再决定是否购买。当然，有时顾客也会将拿到手中的商品放回去。如所陈列的商品不易取、不易放回的话，也许就会仅因为这一点便失去了将商品销售出去的机会。

4. 多面陈列的原则

多面陈列包括纵向陈列和横向陈列，要尽可能把每一件商品放在多个陈列面去展现，如图 7.2 所示。

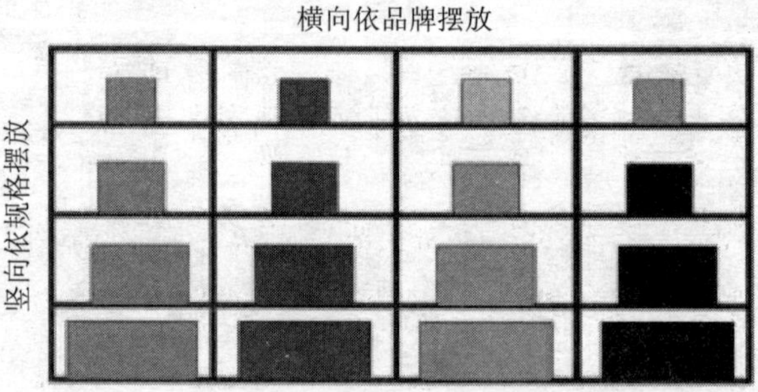

图 7.2　多面陈列示意

四、商品陈列的基本方法

1. 货架陈列法

货架陈列法是指所有处于销售状态的商品在货架上进行陈列的方法，如图 7.3 所示。货架形式有多种方式，如陈列服装的圆形架、四方架，陈列冲动性商品的收银机前的货架，陈列日常用品的 H 形、L 形货架等。货架陈列法主要是用层板、挂钩等进行陈列，也是超市中最常见的陈列方法。

图 7.3 货架陈列

2. 专柜陈列法

专柜陈列法是指一些比较贵重的商品采用专柜的方式进行陈列，如精品家电、精品文具、贵重皮包、贵重烟酒、品牌化妆品等。专柜的陈列可以设计成精品区的形式，如图 7.4 所示。

图 7.4 专柜陈列

3. 量感陈列法

量感陈列法是指利用大面积、大空间来陈列单一的商品或系列商品，体现量感，给顾客一种非常强烈的廉价感和热销感。超市经常用端架、大面积货架、堆头、网篮等进行量感陈列，如图 7.5 所示。

图 7.5　量感陈列

4. 展示陈列法

展示陈列法是指对商品进行展示的陈列方法，如图 7.6 所示。样品展示法即在陈列商品的区域，陈列出样品给顾客进行参考，如家电、大型运动器材、服装等都必须展示样品。展示陈列法主要是为了增加销售的气氛，刺激顾客的购买欲望。

图 7.6　展示陈列

五、商品陈列的注意事项

1. 明亮度

店内的基本照明必须保持一定的明亮度，使顾客在选购参观时，能看得清楚，而商品本身也可借此凸显其独特之处。

2. 陈列高度

研究显示，货架陈列位置变动时对销售量会有显著的影响：由货架底层调高至第二层时，商品的销售将增加34%；由第二层调高至“黄金带”陈列，商品的销售将增加63%；若直接将商品由底层调高至“黄金带”，商品销售将增加达78%以上。

在有效的陈列范围内，所谓的黄金陈列带，是指货架上销售最好的区域，此黄金带一般是以视线下降20° 的地方为中心，在它之上10° 和在它之下20° 之间，一般以90～180cm最为普遍，而顾客胸部至眼睛的高度是最佳陈列处，在此一高度中陈列的商品，最容易被消费者看到。陈列的高度过低则不易看到商品，过高则不易拿取。

3. 陈列技巧

按照商品本身的形状、色彩及价格等的不同，适合消费者选购参观的陈列方式也各有不同。例如，体积小者在前，体积大者在后；价格便宜者在前，价格昂贵者在后；色彩暗者在前，色彩明亮者在后；季节商品、流行品在前，一般商品在后。

六、商品陈列的功能

1. 刺激顾客冲动性购买

商品陈列是吸引消费者的有效手段。生动地展现在消费者面前的商品，更能吸引消费者的注意力，刺激购买欲望，从而实现冲动性购买。卖场商品陈列展示的广告效应比电视、报纸广告更直接，商品陈列是顾客与商品之间的最佳“促销媒体”。

2. 增加商品的回转速度

商品陈列生动化使商品生动地展示在顾客眼前，刺激顾客购买，从而使商品快速、大量地销售，增加商品的回转速度。

好的商品陈列能将商品的外观、功能、价格、利益等信息更直接、全面地传递给顾客，缩短其购买决策时间，加速交易过程。

3. 增进产品的市场占有率

商品陈列生动化使顾客更容易看到、容易挑选、容易拿取商品，从而制造更多的销售机会，主推商品占有率自然越高。

4. 提高顾客对商品的忠诚度

主推商品陈列生动化使主推商品在售点维持良好的商品形象，并吸引了消费者更多的注意力，自然就增加了主推商品与消费者接触的次数，从而提高顾客对主推商品的熟悉程度，使他们成为忠实的消费者。

5. 加强店铺的好感

通过视觉来打动顾客的效果是非常显著的。商品陈列的优劣决定着顾客对店铺的第一印象，使卖场整体看上去整齐、美观是商品陈列的基本思想。商品陈列生动化可美化店铺的整体购物环境，营造出火爆热烈的贩卖气氛，满足购物愉悦，刺激商品销售。

6. 增进门店利润

商品陈列的生动化强有力地促进了自身商品的销售，同时美化了商店的购物环境，自然也带动了其他商品的销售，那么商店的利润总额自然增加了。

7. 维护良好的门店形象

商品陈列形象直接影响门店形象，消费者在门店与产品的接触是其了解商品和公司的重要渠道。商品陈列整洁、丰满，能维持良好的商品形象，自然增加了消费者的消费信心，使其相信商品的高品质，这也有利于维护良好的门店形象。

8. 增进营销整体功能

营销不仅仅由厂商单独来推动，只有渠道上的各个销售参与者都配合执行，才是成功的营销活动。

总之，商品陈列生动化使商品更加畅销，畅销的商品使零售商、中间商、厂商及营业员、业务员等个体参与者都能获得更大的利益，也就能获得更多的营销支持，进而增进了营销的整体功能。

知识拓展

一、纸尿裤与啤酒

多年以来，以优质服务为支撑的沃尔玛品牌与消费者之间建立起了非常良好的关系，顾客对沃尔玛的满意度相当高。同样，优质的服务也带来了顾客对沃尔玛的持续忠诚。但是，沃尔玛并未因此而放松提升顾客满意度的努力。

沃尔玛在美国的一家分店发生过这样一件趣事。一个夏季，管理者发现在那段时间里婴儿尿布和啤酒的销量次第拔高。这如果在一般的商店也许就会被忽略，但沃尔玛超市的管理者没有轻易放过。他们立即对这个现象进行了分析和讨论，并且派出了专门的队伍在卖场内进行全天候的观察。最后，谜底终于水落石出：原来，购买这两种产品的顾客一般都是年龄在25～35周岁的青年男子，由于孩子尚在哺乳期，所以每天下班后他们都会被妻子“派”到超市里为孩子购买婴儿纸尿裤，每当这个时候，他们大都会为自己顺带买回几瓶啤酒。沃尔玛的管理者立即针对此现象采取了行动：将卖场内原来相隔很远的妇婴用品区与酒类饮料区的空间距离拉近，减少顾客的行走时间。根据本地区新婚家庭的消费能力调查结果，沃尔玛对这两种产品价格进行了调整，使价格更具有吸引力，并向一些购物达到一定金额的顾客赠送婴儿奶嘴及其他小礼品。

通过对目标顾客有针对性的营销策略的运用，该店不但大大提升了原有顾客的满意度，而且还吸引了商圈内其他竞争对手的同类顾客光临。该店的啤酒和婴儿尿裤的销售都取得了相当不错的业绩。事后，该店的管理者在向上司汇报的备忘录上这样写道：我们感到仅仅维持顾客目前的满意度是远远不够的，因为服务产品的同质化在我们这个行业已经泛滥成灾，任何一种服务形式都会以极快的速度传播并且被对手模仿。只有善于发现顾客潜在的需求，并立即去满足他们，这样获得的满意度才是可以持续保持的。

（资料来源：http://wenku.baidu.com/link?url=fsalo9IU0O6M7C_6hDjVX3rnpZ6pxeq_8cW0AYosu3g5ewlVNE5wzae8mkBQPPEQaJYdyTfh2TNoK8fwySEczkvJvBpuWpBmDiMgXsRAcRW，有改动）

二、种种借势陈列

1. 借时机

某儿童服饰专卖店的业务主管小李很着急，因为他们店的儿童运动服装一向卖得不错，但新开发的儿童卡通服就是卖得不好。卡通服越不好卖，王老板把它们挂得越高，将好位置腾给好卖的产品。但小李认为卡通服不好卖的原因是产品一直放得太高，不容易进入小孩子的视线，而大人在给小孩买服饰时，更多的是按自己的审美观点来选择的，而这些形状特异，甚至“丑陋”的卡通形象往往无法获得大人的青睐。小李一直想把卡通服挂到最下一排，便于小朋友们看到，但因为其业绩不好，所以小李一直没有说服王老板。

机会终于来了，“六·一”儿童节到了，老板动员大家抓住孩子们的节日做促销，其中包括根据儿童特征重新进行卖场陈列。小李趁机对王老板说：“这些卡通服反正也不好卖，我们干脆就把它扔到店门口吧，有人要就卖，没有就算了。”王老板不知道这是小李的策略，想想放在那儿也不碍事，就同意了。小李把这些卡通服全部放在专卖店的大门口，又拿出几个小模特出来，给其穿上几件卡通服，立在这儿摞卡通服边上。结果可想而知，小朋友们老远就看见了，并大都喜欢上了这些卡通服。

卡通服的热卖让王老板非常高兴，当天就宴请业务主管小李。小李旧话重提，把儿童卡通服放到最下一排，结果卖得火热。

2. 借地利

一位刚从学校毕业的女大学生在一个化妆品专卖店里打工，由于粗心大意，在进行护手霜订货时多打了一个零，使原本每天只需 10 瓶的产品变成了 100 瓶。按规矩，女学生自己应承担损失——意味着她一个月的打工收入将付之东流。这就逼着她想方设法将这些护手霜赶快卖出去。

经过苦思冥想，她把护手霜移到收银台旁边，并制作了一个 POP，写上“××护手霜让你的手和脸一样嫩”。令她喜出望外的是，当天就卖了 40 瓶，第二天即销售一空，而且出现断货。谁也没有想到，女学生戏剧性的举措给专卖店带来了新的销售增长点。从此，在这个专卖店中，护手霜就一直摆放在收银台边上。

3. 借心理

绝大多数人在卖场购物会有这样的体会：商场里物品种类丰富，随意选择；专卖店面积小，货柜不多，购物选择的余地非常小。

因此，专卖店在进行产品陈列时，一定要注意顾客选购物品时的心理反应。如把产品非常整齐地陈列好以后，再对自己希望尽快销售的高利润产品进行“陈列破坏”，即从中随意抽出几件物品，以造成这种产品非常畅销的表象。另外，产品陈列可以给消费者创造很好的购物环境，像宽敞的通道、明亮的灯光、靓丽的陈列、舒缓的音乐……这些都能为消费者营造一种良好的购物心情，从而极大地促进销售。

4. 搭便车

一个烟酒专卖店老板进了一批新品香烟，虽然这种香烟利润相对较高，但他并不愿意卖这个产品，可总是有人到店里来问，不能说没有。开始的时候，他将这些香烟放在一个角落里，有人问了才去拿，卖得不温不火，他也不放在心上。

后来，此香烟企业的业务员巡视终端，见自己的产品陈列得惨不忍睹，给老板出了个主意：你把香烟放在你出售的酒旁边试试，我敢保证香烟的销售量肯定会翻几倍，而且根本就不会占多少地方。老板当然不信，但又觉得业务员的话有些道理，就试着调整了。结果正如业务人员所言，香烟的销售量成倍上升。

老板自然喜形于色，但他也不免纳闷起来：一般抽香烟的人都比较忠诚于一个牌子，怎么有人那么轻易就换抽这个牌子？于是，他问消费者，消费者的回答竟惊人地一致：你把烟酒一起摆放得这么漂亮，就忍不住拿了。再说，喝酒的时候会有很多人的，买点新香烟给大家换口味应该不错，说不定还适合自己的口味呢。酒和香烟搭配摆放在一起更容易引起消费者的注意，二者之间又不会形成竞争。

5. 借竞争

我们经常会有这样的经历：去卖场购买某品牌的啤酒，在啤酒的陈列区，该啤酒旁边陈列着另外一个品牌，一看价格，一罐便宜 0.3 元。想想两者口味差不多、容量一样——好，就买便宜的吧——购买决定就这样被陈列轻易改变了。

大部分产品的包装、质量、款式、品牌都在伯仲之间，但是如果在你的专卖店里制造一种竞争关系，让你的某些产品比另外一个质量相近的产品价格更低，你的某些产品就会比平时卖得更快。很多专卖店都这样陈列产品：把价格相近的产品摆放在一起，形成高价、中价、低价 3 个明显不同的区域。其实，这样做也有一定的弊端：顾客站在低价区观看物品时觉得没面子，赶紧走开；站在中价格区域的顾客想买更好的产品，但不敢走到高价区域去，担心那里的价格让他承受不起。如果把几种价格区域适当“打乱”，按高中低、中高低、高中低的价格间隔摆放产品，顾客比较容易搭配着购买。因为在这种陈列中存在着一种明显的价格竞争、质量竞争，让顾客更容易根据自己的情况做出购买决定。不要小看这种小小的价格之争，这可能是你把产品销售到消费者手中的一条捷径呢。

另外，专卖店将特价产品与非特价产品陈列在一起，也是快速消化库存产品的绝佳方式。但一定要展示出产品的不同个性，突出产品的区别，如果能配合一些店内 POP 广告，则是体现产品个性最好的手段。

（资料来源：http://www.niubb.net/article/340238-1/1/，有改动）

三、促销活动方案撰写

金帝巧克力春节促销文案范例

金帝是国产巧克力中的名牌。因此，在活动设计上，金帝巧克力春节促销充分考虑消费者利益的诱惑，刺激消费欲望，促成购买，活动的设计将以金帝产品口味与品牌定位为主要诉求。

为保证此次活动达到预期效果，在制定活动推广前，公司根据各个销售点的上报情况及经销商去年库存量，以及主要竞争对手的强势产品，计划今年春节与情人节为核心促销阶段，展开春节金帝常规产品的促销，并通过此次活动来带动金帝其他新推产品未来市场的进入，打击主要竞争对手的常规产品在市场中的优势地位。

1. 活动主题

精致生活，源自金帝。

2. 产品市场主要推广目标

全面培育1月份整体市场销售；抢占市场先机，争取到的最多最好的陈列位置，不输给竞争对手；保证春节期间产品市场销售达到预期效果。

3. 产品诉求

以海报、DM传单、人员等为主要宣传方式，向终端消费者传达金帝巧克力高可可脂含量纯正瑞士风味的特点，让消费者感受到金帝巧克力一流的品质、纯正的口味。

4. 活动准备

所有的应季品种确保在每个销售点里有最充足的库存量；此次活动的陈列面积必须超过历史同期的最大；所有活动点安置最充足的促销导购人员；保证持续不断的买赠、折扣活动等促销活动，动用所有可以用的资源。

5. 活动时间

1月1—21日。

6. 参加活动产品

常规装、分享装、礼盒装。

7. 活动方式

(1) 买赠。以优惠促销价格，陪送精致礼品包装；赠品以75克添彩为主。

(2) 陈列。延续圣诞/元旦陈列规模，扩大和补充网挂条的数量，主要陈列常规装、分享装产品，货架主要陈列产品+货架贴+鞭炮挂饰，充分营造出节日的气氛。

8. 春节促销活动陈列方式

以堆头、主货架、纸架为主，必须做到一个不能少；主货架陈列不少于4个排面，每个单品至少2个排面；纸架组合中要求至少1个纸架用于陈列105克薄片；按照薄片形象包柱制作。

9. 活动具体实施计划

(1) 春节封套礼盒均以金色或朱红色年货封套做包装，更加突出节日的喜庆色彩。货架陈列形式为封套礼盒鞭炮挂饰+货架贴+海报吊牌，同时尽可能在卖场内以两个相连的端架集中陈列，使产品更加醒目，每个单品最少占3个面围及2层排面。陈列货架上面的2～3排，每层都贴货架贴及团购相关发布信息牌。

(2) 在非重点卖场内，以背靠背纸架作为主题堆头。大卖场内侧尽量将纸陈列架，摆放在其他节日品旁边，以背靠背或靠墙/柱子陈列等方式。这样可以借助其他节日产品的热闹气氛，增加顾客的关注度。同时各个地区，在各个店铺及卖场做节日陈列摆放时，所有产品应该灵活掌握，以该店销售量最大产品为主，用热销产品在节日的气氛烘托下，带动其他商品的销售。

(3) 根据卖场规模制订陈列计划，主要堆头摆放有 $2m^2$ 堆头、$4.5m^2$ 堆头、$6m^2$ 堆头、$10\ m^2$ 堆头、靠墙堆头；并按照要求放置吊牌、货架贴、鞭炮挂饰、促销赠品等，陈列形式按统一设计要求，结合卖场实际面积。

(4) 保证重点卖场导购促销活动不断持续，并且保证重点卖场人员数量足够，所有主要重点陈列货架有导购员负责陈列面维护与导购工作。同时，为了保证活动的效果，各卖场可根据需求增加临时促销员，一定要保证春节造势活动的圆满成功。

10. 实施结果

本次促销活动在各个岗位的积极合作下，达到本次活动的主要宣传推广效果，活动期间，各个销售点的金帝陈列货架充满喜庆的热闹气氛；实现了预期的销售目标，整体产品销售较去年同期上升 2%，同时起到预测分析作用。

（资料来源：http://www.795.com.cn/wz/67142.html，有改动）

任务实施

一、以小组为单位，确定组长，由组长分工并确定组员的工作任务。

二、根据超市堆头技能竞赛的要求，对超市提供的商品进行推头陈列，商品陈列要符合陈列原则，陈列主题要突出、要有创意，商品的选品要恰当、满足消费者的需求。

三、可供参考的某超市的商品陈列、交叉陈列项目具体如下所介绍。

1. 某超市的商品陈列介绍（表 7–1）

表 7-1　某商品陈列介绍

商品陈列图	具体介绍
	1. 依小分类陈列：地板清洁剂—家用清洁剂—玻璃清洁剂—消毒剂—厨房清洁剂—洗碗精—去污 / 漂白剂。 2. 依规格容量纵向陈列： (1) 上轻下重。 (2) 价格由高到低。 (3) 品牌知名度由高到低。 3. 价格牌放在商品左下方，箭头在价卡右边

续表

商品陈列图	具体介绍
	1. 依小分类陈列：放置式—喷雾式—补充式—干燥式。 2. 依规格容量纵向陈列： (1) 上轻下重。 (2) 价格由高到低。 3. 挂钩部分陈列大包装产品，底下用层板陈列。 4. 价格牌放在商品左下方，箭头在价卡右边
	1. 依中分类陈列，小分类产品呈纵向陈列。 2. 依规格容量纵向陈列： (1) 上大下小。 (2) 价格由高到低。 3. 夏季可将排面扩大，冬季可将排面缩小。 4. 价格牌放在商品左下方，箭头在价卡右边
	1. 依中分类陈列，小分类产品呈纵向陈列。 2. 依规格容量纵向陈列： (1) 上轻下重。 (2) 价格由高到低。 (3) 品牌知名度由高到低。 3. 宝洁的产品要集中陈列。 4. 价格牌放在商品左下方，箭头在价卡右边

续表

商品陈列图	具体介绍
	1. 依中分类陈列，小分类产品呈纵向陈列。 2. 依规格容量纵向陈列： (1) 上轻下重。 (2) 价格由高到低。 (3) 品牌知名度由高到低。 3. 价格牌放在商品左下方，箭头在价卡右边

2. 交叉陈列项目介绍

端架两侧、折叠笼网面及格子墙是陈列有销售潜力、季节性商品和关联性商品的重要位置之一，通过陈列与之相关联的商品可以方便顾客挑选商品，从而提高销售业绩及毛利。

1) 道具介绍

(1) TG 侧挂。用于端架侧面，规格（永冠、立达）根据商品包装的不同，可以选用挂钩或挂篮陈列配件。

(2) 货架挂条。用于折叠笼网面，陈列较轻的袋装、不易碎的商品。

(3) 格子墙挂钩。用于格子墙，陈列可吊挂类、不易碎的商品。

注意：TG 就是堆头，是超市里的一种特殊的陈列道具，相对于打层板的正常货架而言，一般是长 100cm、宽 100cm 或 80cm、高 60cm 或 30cm 左右的平台，如图 7.7 所示。

图 7.7　TG 堆头

2) 道具订购

(1) TG 侧挂及挂钩。通过资材统一订购货架。

(2) 挂条。通过行政科统一订购。

3）道具安装

(1) 安装位置。TG 侧挂统一安装在端架的阳面；挂条安装于折叠笼网面；格子墙配合挂钩使用（以上道具的安装需考虑到通道的宽度及客流量）。

(2) 安装的高度。TG 侧挂的为顾客视线最易接触到的高度，即“黄金线区域”顶端离地 1.6m；挂条高度平行折叠笼最上端，商品下端离地 0.1m；格子墙顶端不超过 2.2m，下端商品离地需保持 1m 以上。

(3) 价格卡放置。TG 侧挂使用大价格卡配合透明封套使用，价格卡放置于左上角；挂条使用小价格卡，放置于最左边挂条上（一个网面最多只能陈列 1 支单品）；格子墙使用大价格卡，置于左上角。

4）营运选品

快讯上档前 7 天（周三）营运主管根据《端架计划表》的快讯商品从正常商品中选择交叉陈列商品，并填写《交叉陈列品项确认表》交处长、店长核准，在 17:00 前交 ALC 输入。

5）选品原则

(1) 交叉陈列商品毛利率要高于个别平均毛利率。

(2) 售价原则上不低于 4.9 元，不高于 19.9 元（针对 TG 侧挂和格子墙商品），一个快讯商品交叉陈列的商品只有一个价位。

(3) 所选择交叉商品应与快讯商品为同一消费客群。

6) 优先顺序

(1) PB 商品（未做促销陈列）。

(2) 上一档快讯下档时遗留库存高的商品或高库存报表商品。

这类商品选择的原因如下：

① 快讯商品一般为畅销商品更易提高销售量。

② 快讯商品下档后成本低有更高的毛利。

③ 不用再订货且可帮助消化库存提高商品回转。

(3) 新品。

(4) 其他正常商品。

7）输入小组系统

系统维护快讯上档前 7 天（周三）门店行政后勤人员根据店长确认的《交叉陈列品项确认表》在系统中完成资料维护，如图 7.8 所示。

```
-=0101=-                 商品交叉陈列期间维护      F5-帮助        <MKCPRSB1>
××××/08/21               ======【新 增】=====      F7-查询变价      BATCH

 .分店:[0101]  ××分店      .输入日期:[××××/08/21]     .流水号:[      1]

 .货号:[         ]

 .快讯期数:[        ]      .采购期间: [            ] - [            ]
                           .促销期间: [            ] - [            ]

 .备注说明:[                                        ]
```

图 7.8　交叉陈列品项确认表（示例）

8）交叉陈列库存及销售管理

开档前用快讯预告清单下单及追踪到货，开档后用快讯销售及库存表追踪销售及库存补单。

9）交叉陈列品项更换

交叉陈列商品在经过周三（快讯上档）到当周日的销售后，店内可根据实际情况重新选择交叉商品。

填写《交叉陈列品项确认表》经处长、店长核准后由行政后勤人员维护入系统。

10）执行关注点

（1）交叉陈列商品日均销量增长率。交叉陈列商品日均销量增长率不应少于正常陈列期的 4 ～ 5 倍交叉陈列商品库存控管；利用报表及时追踪库存，避免缺货和高库存的产生。

（2）销售分析。对于档期日均销量增长不足 2 倍或金额小于销售指标的交叉商品店内应分析原因并改善。

（3）交叉陈列商品销售额。

11）选品销售指标

根据门店年销售额，划分为表 7-2 所示的 4 类店，并进行标准设定。

表 7-2　交叉陈列销售评估标准

陈列位置	类　型	商场年销售额划分							
		≤ 8 000 万		8 000 万～ 1.5 亿		1.5 亿～ 2.5 亿		≥ 2.5 亿	
		目　标	底　线	目　标	底　线	目　标	底　线	目　标	底　线
主通道	TG 侧挂	200	150	300	225	400	300	500	375
	挂　带	250	175	350	255	450	315	550	385
	格子墙	200	150	300	225	400	300	500	375
非主通道	TG 侧挂	150	120	225	150	300	210	375	255
	挂　带	175	130	275	210	375	300	475	375
	格子墙	150	120	225	150	300	210	375	255

注：以一个档期为计算周期。

12）最终的目标

（1）通过在端架侧面、折叠笼网面及格子墙陈列。

（2）列合理交叉商品。

（3）方便顾客选购、引导消费。

（4）提升客单价。

（5）提升业绩、毛利。

相关图片如图 7.9 至图 7.12 所示。

图 7.9 砧板交叉陈列捣物罐

图 7.10 拖把交叉陈列手套

图 7.11 毛绒玩具交叉陈列休闲小吃

图 7.12 毛巾交叉陈列牙刷

任务成果

堆头陈列展示（一）

张梅娟、胡杨杨、吴淑英、庄晓平、魏舒舒、沙莉萍

一、主题

Hello Kitty 喜迎“六·一”

二、陈列材料

选用商品：瓶装可口可乐、听装可口可乐。

创意描述：本次陈列是围绕主题“六·一”，利用可口可乐做促销。一只可爱的卡通Kitty，立体效果呈现在我们面前，小朋友们喜欢这样一只小猫，没有嘴巴，脸蛋圆圆的，左耳上扎着一个蝴蝶结。

三、陈列设计

Kitty外边是采用黑色瓶盖，蝴蝶结采用红色瓶盖，嘴是黄瓶盖，脸部用白色瓶盖，突出表现Kitty的可爱粉嫩形象。“六·一”两个字用听装可乐陈列，字体不规则、圆滑。整体让人一目了然是一只圆圆的猫。

推头陈列展示（二）

洪斯达、陈淑萍、陈亚敏、范素萍

项目八

节日促销

学习目标

知识目标	技能目标
(1) 加强对节日的由来与促销推荐商品的了解 (2) 掌握节日促销技巧的相关知识	(1) 学会制订节日促销活动计划 (2) 掌握节日促销方案的策划方法

项目任务

任务：

(1) 以小组为单位，寻找日常生活中赠品促销的实例并对其进行分析，然后做成 PPT。

(2) 完成实践训练总结（请填在下表）。

班　级		姓　名	
任　务			
节日促销主题的确定			
促销商品的选择与时间安排			
促销媒体的选择			
促销预算			
促销评估			
训练体会			

考核标准：

检查内容	评价标准	分值 / 分	得分 / 分
节日促销主题	节日促销主题的确定是否合理与新颖	20	
促销商品的选择与时间安排	促销商品的选择与时间安排是否得当	10	
促销媒体的选择	促销媒体的选择是否合理	30	
促销预算	促销预算是否合理	30	
分工与协作的能力	分工与协作的能力	10	
合 计		100	

知识准备

一、节日促销的含义

所谓节日促销，指利用节日时机，通过特价、赠品、返券、抽奖等手段来促进销售，达到吸引客流、增加销售额等目的，如图 8.1 所示。不同的节假日，促销活动的力度及具体方法都不同，活动的目的和方式有很大的差别。

图 8.1 节日促销

二、节日的由来及其促销推荐商品

节日是人类社会生活中的重要活动之一，是人类文明的产物和体现，其存在使这个世界变得更加多姿多彩，给世人增添了许多乐趣和欢喜。每一个节日的来临就意味着一个商机的到来。在我国各节日连锁企业促销力度的强度划分见表 8-1。

表 8-1 各节日连锁企业促销力度的强度

节 日	连锁企业促销力度的强度
元旦、春节、中秋节、国庆节、圣诞节	A（黄金节日）
元宵节、情人节、清明节、母亲节、“六·一”儿童节、端午节、七夕节	B（重要节日）
妇女节、消费者权益日、劳动节、“五·四”青年节、父亲节、教师节、重阳节、冬至	C（一般节日）

下文所介绍只是连锁企业经常做促销的 A 类黄金节日。

1. 元旦

中国最早称农历正月初一为“元旦”，元是“初”“始”的意思，旦指“日子”，元旦即是“初始的日子”，也就是一年的第一天。

农历正月初一从哪日算起，在汉武帝以前也是很不统一的。因此，历代的元旦月、日也并不一致。夏朝的夏历以孟喜月（元月）为正月，商朝的殷历以腊月（12 月）为正月；周朝的周历以冬月（11 月）为正月；秦始皇统一中国后，又以阳春月（10 月）为正月，即十月初一为元旦；从汉武帝起，才规定孟喜月（元月）为正月，把孟喜月的第一天（夏历的正月初一）称为元旦，一直沿用到清朝末年，但这是夏历（也称农历或阴历），还不是今天所说的元旦；辛亥革命推翻清朝统治，各省都督代表在南京召开会议，决定使用公历，把农历的正月初一叫做“春节”，把公历的 1 月 1 日叫做“元旦”，不过当时并未正式公布和命名；中华人民共和国成立前夕的 1949 年 9 月 27 日，中国人民政治协商会议第一届全体会议上决定采用公历（即阳历纪年），并把 1 月 1 日称为“元旦”。

元旦主要的促销推荐商品有新年礼品、婚庆用品、换季服装、家用电器等。

2. 春节

春节是农历正月初一，又叫阴历年，俗称“过年”，这是我国民间最隆重、最热闹的一个传统节日。在过去的传说中，年是一种会为人们带来坏运气的动物。年一来，树木凋敝，百草不生；年一过，万物生长，鲜花遍地。因此，人们都盼望着过“年”。

春节前，民俗中要祭祖、扫除污秽。除夕日要熬年守岁、吃饺子、放鞭炮、贴春联和贴门神等。过年的前一夜，就是旧年的腊月三十夜，也叫除夕或团圆夜，在这新旧交替的时候，守岁是最重要的年俗活动之一。除夕晚上，全家老小都一起熬年守岁，欢聚酣饮，共享天伦之乐。新的一年开始了，男女老少都穿着节日盛装，先给家族中的长者拜年祝寿，节中还有给儿童压岁钱、吃团年饭，初二、初三就开始走亲戚看朋友，相互拜年，道贺祝福，说些恭贺新喜、恭喜发财、恭喜、过年好等话互相祝贺。

春节主要的促销推荐商品有春节礼品、时令商品、童装玩具、家庭日用品等。

3. 中秋节

每年农历 8 月 15 日，是传统的中秋佳节。这时是一年秋季的中期，所以也被称为中秋。此夜，人们仰望天空如玉如盘的朗朗明月，自然会期盼家人团聚。远在他乡的游子，也借此寄托自己对故乡和亲人的思念之情。所以，中秋节又称“团圆节”。

中秋节有悠久的历史，和其他传统节日一样，也是慢慢发展形成的。古代帝王有春天祭日、秋天祭月的礼制，后来贵族和文人学士也仿效起来，在中秋时节，对着天上又亮又圆的明月，观赏祭拜，寄托情怀，这种习俗就这样传到民间，形成一个传统的活动；到了唐代，这种祭月的风俗更为人们重视，中秋节才成为固定的节日。《唐书·太宗纪》记载有“八月十五中秋节”，这个节日盛行于宋朝，至明清时，已与元旦齐名，成为我国的主要节日之一。中秋节的传说是非常丰富的，嫦娥奔月、吴刚伐桂、玉兔捣药，以及朱元璋与月饼起义之类的故事流传甚广。

中秋节主要的促销推荐商品有中秋月饼、中秋团圆宴、礼品套装等。

4. 国庆节

每年的10月1日是我国的国庆节。1949年10月1日，中国人民在首都北京天安门广场举行了开国大典，在隆隆的礼炮声中，中华人民共和国成立，实现了中华民族的独立和解放，开创了中国历史的新纪元。

国庆节主要的促销推荐商品有婚庆用品、秋季服装、化妆品、家居用品、大型家用电器等。

5. 圣诞节

每年的12月25日，是基督徒最盛大的节日——圣诞节。按照基督教义，耶稣是上帝之子，为拯救世人而降临人世，所以圣诞节又称“耶稣圣诞瞻礼”“主降生节”。这一天，世界所有的基督教会都举行特别的礼拜仪式，但是有很多圣诞节的欢庆活动和宗教并无半点关联。交换礼物、寄圣诞卡，这都使圣诞节成为一个普天同庆的日子。由于人们格外重视，它便成为一个全民性的节日，是西方国家一年中最盛大的节日，可以和新年相提并论，类似我国过春节。近年来，圣诞节在我国受到年轻人的追捧。

西方人以红、绿、白三色为圣诞色，圣诞节来临时家家户户都要用圣诞色来装饰。红色的有圣诞花和圣诞蜡烛；绿色的是圣诞树，它是圣诞节的主要装饰品，由砍伐来的杉、柏一类呈塔形的常青树装饰而成。圣诞树上面悬挂着五颜六色的彩灯、礼物和纸花，还点燃着圣诞蜡烛。

圣诞节主要的促销推荐商品有圣诞大餐、圣诞礼品、女性用品、儿童服装等。

三、节日促销策划的原则

年年岁岁“节相似”，岁岁年年“招不同”。在“假日经济”这个舞台上，各厂家、商家时时刻刻在处心积虑地策划产品促销之戏。高招之妙让人叹为观止，而一些损招也常常让人扼腕叹息。如何策划产品的节日促销活动？要遵循节日促销策划的“5W1H”原则，如下所述：

(1) 为什么传播（Why）——宣传的目的。

(2) 向谁传播（Who）——确定信息接收者。

(3) 传播什么（What）——传播信息内容。

(4) 何时传播（When）——传播时间选择。

(5) 在哪里传播（Where）——传播信息的接触点选择。

(6) 如何传播（How）——传播媒体的选择。

四、节日促销的策略

孙子曰：“凡战者，以正合，以奇胜。”在商家节日促销的大战中同样适合这样的道理。在激烈的节日促销中，商家不但要整合各种有效的促销工具，更要知己知彼、未雨绸缪，做好通盘打算，进行促销策划，以奇招出其不意制胜。

节日促销是企业争夺市场份额、争夺顾客的重要手段，也成为连锁企业应用最广泛、最频繁的营销工具。如何做好促销和如何让促销发挥更大的作用，是连锁企业普遍面临的课题。

一般来说，超市节日促销的策略要符合以下几种立意：

(1) 出位创意，烘托节日氛围。节日是动感的日子、欢乐的日子，捕捉人们的节日消费心理，寓动于乐，寓乐于销，制造热点，最终实现节日营销。针对不同节日，可塑造不同活动主题，把最多顾客吸引到自己的柜台前，营造现场气氛，实现节日销售目的。

(2) 文化营销，传达品牌内涵。文化营销，嫁接节日的文化氛围，开展针对性的文化营销，充分挖掘和利用节日的文化内涵，并与自身经营理念和企业文化结合起来，不仅可以吸引众多的消费者，在给消费者艺术享受的同时，而且能带来良好的市场效益，树立良好的企业形象。

(3) 互动营销，增强品牌亲和力。生活水平的提高使消费者的需求开始由大众消费逐渐向个性消费转变，定制营销和个性服务成为新的需求热点，商家如能把握好这一趋势，做活节日市场也就不是难事了。

(4) 差异促销，激发售卖潜力。节日营销主角就是价格战，广告战、促销战均是围绕价格战展开的。能否搞好价格战是一门很深的学问，许多商家僵化地认为节日就是降价多销，其实这是走进了促销地误区，结果往往是赔钱赚吆喝。作为节日营销的惯用方法，诸如“全场特价”“买几送几”的煽情广告消费者已司空见惯，对消费者的影响效果不大。因此，如果真要特价也要处理得当，讲究点创意和艺术。

五、节日促销的技巧

节日促销与一般的促销意义不同，节日根据传统的影响较大，所以更加需要注意节日的各种风俗、礼仪、习惯等民族特点。在节日促销的关口，理性促销与细心促销成为抓住客户的关键落脚点。

1. 节日促销的基本要领

1) 促销装扮

当节日成为我们生活一部分的时候，节日消费随之而来。节日促销中，连锁企业经常会开展一些促销活动，而活动又需要一些装扮来引导，比如送礼与喜庆的结合，节日折扣与赠品的结合，节日欢庆与特色的结合等。这就需要连锁企业对产品及与之相关的各个方面进行包装，也就是我们熟悉的装扮。装扮分为技术装扮与服务装扮两种，技术装扮指的是产品、台面的装扮，服务装扮指的是环境、条件、人员等的装扮。

2) 促销产品

产品的装扮不是随心所欲的，要根据产品针对的消费群体、消费目标、消费价值、消费周转期、消费习惯来确定，如产品的消费群体比较简单，符合什么样人的胃口等。消费目标主要是产品做什么使用，其中促销的使用含义要明确说明。消费价值经过包装或者装扮后的价值不可太高，要与一般的销售产品持平，也是其中所表达的一种促销意思。一般来看，节日消费周期不会太长，除非是固定使用的产品，但这个不需要装扮，因此，节日消费的产品周期短，装扮尽量简洁明快。不同地域的消费者有不同的消费习惯，因此，不同区域的促销方式要在产品的包装上表现出来，这个就是细节之处。

3) 促销台面

现在的促销台面不仅仅包括产品的地堆、专柜、专卖区域等，而是一项综合的促销平台，所以从平台这个角度看其延伸的区域就非常大了。企业买下商家的地堆或者专柜的时候，会对其进行布置，尽量做到醒目、有节日氛围。此时，可以使用多种科技较高的手段来刺激消费者的眼球。促销台面需要有外围的引导，比如门口、导购台、咨询台、引导员等，多处需要标识产品的对象，集中延伸展示才是综合促销平台的着落点。

4) 促销环境

促销环境有人为制造环境与整体环境，二者互相作用的交织，才能够显示出环境的效应。好的环境能够创造效益，所以在布置或选择促销环境的时候，连锁企业对于人文环境越来越重视。人文环境表现主要体现在不同文化的销售背景上，产品与文化相结合，做到人文与产品销售捆绑进行，这样可以使消费者产生认同感，从而达到完美效果。

5) 促销人员

促销是瞬间的购买行为，比较感性，所以对于有好的亲和力将是现代促销技能的首要保证。对于如何装扮促销人员，需要对促销人员有明确的要求。具体要求有以下几个方面：

(1) 要规范使用标准亲和力相关礼仪与必要的辅助目标。

(2) 构建系统的产品促销规程，注重对区域文化的建设性提炼。

(3) 促进产品与消费者、产品与环境、产品与服务等多种态度有机利用。

(4) 为自己找寻最佳的服务标准，度身定做是合理的促销要求。

2. 节日促销如何定性

促销定性十分重要，有些时候人们对促销的含义并不十分清楚，也就是无所谓促销的分量很大，也就导致促销看人气而定。节日促销的重要意义在于销售是一个高潮，许多企业肯定不会放过，但真正到了促销现场，就很难发现原来制定的促销规定能够有效执行的，往往是根据现场的情况来做的。虽然这样做是没有不可以的，但对于一个为节日促销而故意设定的销售局面将是徒劳的。如果有下面几种情况发生了变化，而最终的促销流于传统，没有了特色，那么，也就是促销回归到一般意义上。

1) 促销的对象

无论在什么样的情况下，需要保持为谁促销的理念，我把产品卖给谁，将是在繁杂人流当中保持清醒头脑的必要保证。消费对象永远是要实地牢牢把握的。

2) 促销优惠

在优惠活动期间，驻足观望的人会很多，但消费者是非常挑剔的，尤其是竞争激烈的卖场，所以促销优惠的条件与优惠的程序一定要简化，不能到了关键时刻解释不清楚而浪费时间，错过对大部分客户的关照，失去促销的意义。因此，促销优惠活动的规则，一定要简单明白，千万不要搞什么积分制、累计制等条件，这样的吸引力是有限的，也是浪费资源的表现。

3）统一促销

促销在相同的环境下需要统一，如在集中的卖场里面，促销是要跟进的，别的企业在促销优惠等多种活动，那自己也要开展促销活动。在促销环境下，提倡统一的促销行为，手段可以创新，但氛围绝对要保持一致，这也是促销出现新动向的方向性标志。在理解统一促销的时候，尤其是节日促销的关键时刻，不要放弃促销的低代价换来的销售规模，促销项目多少、新颖将是促销的亮点。

4）动态促销

节日促销里面需要动态促销，也就是把促销要按照节日推进的阶段进行，而不是不变的。企业在节日促销里面往往忽略这样一点，节日前与节日中可能变化较小，但节日后期的变化就非常明显，因此，在节日促销项目上，要动态观察，而这个时候也是促销企业放假的时候，跟不上市场变化的节奏，容易出现节日促销“空虚”症状。其表现是没有管理、没有促销技术跟进、没有促销产品转换、没有新的促销亮点、没有促销反馈数据、没有竞争压力分析等，有的只是促销人员的按部就班，让节日促销动起来就是胜利。

3. 节日促销的具体技巧

1）促销要有节日特色

由于节日促销与平时的促销不同，需要注意节日的各种风俗、礼仪、习惯等民俗特点。此时，一方面要关注节日促销的内在需求，做足礼品和节日概念；另一方面要做到门面醒目、有节日氛围，可有效使用多种科技手段来刺激消费者的眼球，如声、光、电等门面的包装。

2）促销政策要有特色

在产品促销对象的选择上，零售商应在节日出台更具吸引力的销售政策。零售商要选择好促销产品，塑造特色，有自己的促销特点，把特色促销做到底，提高顾客进店率。

3）促销要量化

节日营销应注重在利用消费者的节日消费心理，综合运用广告、现场售卖等营销手段，把要促销的产品规定数量，旨在快速提高产品的销售力。

4）促销要创新

在促销过程中需要不断创新，如实施促销时限，在中秋节、国庆节的第一天限定促销时段来鼓动消费，在固定的时间里面满足促销的需求。

总之，促销要体现特色，要有一个完整的策划方案和执行方案。只有这样，才能在同行的强大竞争下，争取一定的市场份额。

六、节日促销计划拟订注意事项

中国人历来重视节日，浓郁的喜庆氛围、火红的消费产生巨大的商机，假日经济已成为人们津津乐道的新话题，这时连锁企业在节日的促销活动也将展开。由于连锁企业同行之间存在竞争和产品同质化现象，节日促销成为连锁企业必要的营销手段，促销效率的提高已成为关键。在拟订节日促销计划时，要注意以下事项。

1. 促销计划的内容具有可操作性

要根据节假日连锁企业设定的促销目标来制订促销计划，只有这样，拟订的促销计划才是正确、有效、可执行的。

2. 促销商品的选择

对促销商品的选择要满足以下几个要求：

(1) 促销商品的品质要良好、齐全、数量充足。

(2) 促销商品要能反映门店的经营特色。

(3) 促销商品是消费者真正需要的商品。

(4) 促销商品既能给消费者带来实际利益，也能给连锁企业处理积压商品。

3. 节日促销主题的确定

对于节日促销主题的确定有两个方面的要求：一方面，要通过准确寻找促销活动和节日恰当的结合点来确定促销的主题；另一方面，要围绕节日的各种风俗、礼仪、习惯等细节来确定一个鲜明的主题，但要考虑到不同的节日产生不同的效果，包括节日的类型、不同的文化背景等。例如，中秋节的主题要体现团圆的气氛，让顾客产生一种家人相集的默契，给人留下温馨的祝福。当然，这个促销主题最好采用红色背景，才能衬托出喜庆的气氛。又如，国庆节的主题要给人留下一种轻松购物的感觉，国庆不像中秋那样带有一种文化背景，不需要有太多的修饰，只要求合情、合理，符合顾客的购物心理需求。

4. 促销的时间安排也是至关重要的

节日促销的时间一般在节日及之前的一段时间，而时间的长短则视节日的隆重程度而定。例如，春节、国庆节等节日持续时间一般很长，而教师节、情人节等通常只在节日当天有促销意义，如果与周末相连，时间一般可以适当延长。

5. 促销媒体的选择

在进行促销媒体选择时，要注意媒体运用，一方面媒体的宣传效果，主要通过报纸、电视、海报等给顾客传达促销活动安排信息；另一方面媒体的渲染效果，通过促销现场节日氛围的烘托和品牌亲和力的彰显，从视觉、听觉、味觉、嗅觉、感觉等来调动消费者的购买情绪，使消费者的情绪得到感染，消费者的节日情绪得到了氛围的回应，企业的主题活动也就得到了回报。

6. 促销预算

拟订节日促销计划之前，要了解经费的多少，要在连锁企业可以接受的范围之内，要进行促销费用的预算。

7. 促销评估

节日促销活动结束，要从两个方面进行评估：促销业绩评估和促销效果评估。其中，业绩评估包括业绩评估的标准与方法，查找和分析促销业绩好或坏的原因；促销效果评估包括促销主题配合度、创意与目标销售额之间的差距、促销商品选择的正确与否。

知识拓展

一、雀巢咖啡中秋节促销

1. 促销场景

中秋节前夕，潇潇秋雨的一个周末下午，在某一大型超市门前，雀巢咖啡举行免费促销活动。促销小姐穿着鲜明、个性、统一的公司服装，面带微笑、热情地为每一位路过客人递上一杯热咖啡；另一边的电视播放着公司的简介和“味道好极了”的广告语。

2. 促销解读

1) 促销时间 (When)

(1) 中秋节前夕的周末，人们开始高度关注节日的到来，对节日的注意力开始提高，人们开始大量购物过节，此时搞促销，容易引起人们的关注，这体现了注意力促销。

(2) 中秋节虽然月饼是主角，但咖啡可以与月饼互补，进行互补营销，在吃月饼的同时喝上一杯芳香的咖啡，那感觉一定很不错。消费者在买月饼时会顺便买咖啡，因为广告语告诉你“味道好极了”。

2) 促销地点 (Where)

人们在超市购完物以后，一般都比较累、比较渴，再加上秋后的小雨给人一丝丝凉意。此时热情的促销小姐为你送上一杯热咖啡，以解您的劳累和口渴，消费者的心里心存感激，这一杯咖啡是一杯温情和芳香。消费者会从心里大大增加对雀巢咖啡的美好印象，为以后的消费打好了基础。这体现了亲情促销。

3) 促销对象 (Who)

这一大型超市属于档次较高的超市，逛超市者绝大部分都是年轻人和中年人，他们年轻并且有购买力，正是雀巢咖啡的目标消费者，在这里做促销针对性强、有效性高。

4) 促销内容 (What)

在促销中，服装统一、热情礼貌、漂亮的促销员体现了雀巢公司的良好企业形象；“味道好极了”体现了公司品牌形象的宣传；品尝咖啡宣传了雀巢咖啡所具有的良好品质。

5) 如何促销 (How)

(1) 在超市门口促销，体现了决战终端的促销策略，消费者可以近距离感受到雀巢咖啡所具有的品质和魅力。

(2) 既采用了人员推销，又采用了电视推销，体现了整合传播促销。

(3) 免费品尝，体现了整时营销、晚赢利的策略。现在的免费让不知道雀巢咖啡的人知道它，让潜在的消费者变成现实的消费者，让现在的消费者增加对雀巢咖啡的满意度和品牌忠诚度。

（资料来源：http://www.hbsrs.com/page138?article_id=200，有改动）

二、促销活动计划范例

1. 促销活动主题

“庆圣诞、迎元旦，货满特超市闪亮登场”。

2. 促销活动时间

××××年12月21日至次年1月6日。

3. 促销商品范围

一楼——货满特超市商品（进口商品、圣诞节礼品、冬令滋补品、火锅料商品、农历冬至节日商品）。

4. 促销活动目的

(1) 通过商品特价促销活动，向榕城市民宣传货满特超市的价格新形象。

(2) 开放早市，确立货满特超市的基础定位是立足东街口社区、服务东街口社区的社区型超市，同时兼顾满足核心商圈的供应功能，供应名、优、特、精品。

(3) 推出以商品群（进口商品、圣诞节礼品、冬令滋补品、火锅料商品、农历冬至节日商品）为主题的特价商品，目的是满足消费者的需求，保证市场供应。

(4) 开展货满特超市的广告宣传，目的是提高货满特超市的知名度，扩大货满特超市的市场份额。

整个促销活动的主要目的是宣传、提升货满特超市形象、吸引客流，提升、稳定货满特超市的销售额。

5. 促销活动的内容、方式

(1) 特价商品DM促销、宣传：

① 计划刊登上DM的特价商品180个单品，店内促销的特价商品500个单品。

② DM宣传册为大开16P，印数25 000份，计划在鼓楼区范围内夹《××晚报》10 000份发放，邮寄8 000份，人员到周边小区发放4 000份，店内发放3 000份（主要位置在超市入口、商场大门入口）。

(2) 进口食品节：进口商品优惠酬宾，推出部分特价品，全线进口商品成本价销售。

(3) 早市开放：早市开放的前一个月（在早市期间购满10元以上可获赠厨用品一份，前30名进超市的顾客可赠送礼品一份）。

(4) 部分惊喜价商品疯狂特卖，在促销期间推出15个特卖单品，每日限售50～200件数量不等，每人限购1～3件数量不等。对特卖品的购物规定：凡中城赛特购物中心的内部员工无论上班与否，一律不准参与抢购，违者重罚，直至开除处理。

(5) 引导季节性商品的消费需求，促进冬至节日商品、冬令滋补品、火锅料商品的销售增长。

6. 配合部门的相关要求及注意事项

1) 货满特超市采购组

(1) 负责与供应商洽谈促销商品、确定促销商品的价格并签订相关促销协议书，预测促销期间的销售总量（考虑因素：已有周销量信息）确定首批的订货量（按一周促销销量计），尤其是特价狂卖商品的储备量。

(2) 组织促销商品的拍照，整理、核对DM促销商品（包括店内促销的商品）的促销要点：商品品名规格、商品特价时间、打包方式、赠送情况、每日/每人限购数量、特价。

(3) 负责做好新增供应商、促销商品信息的在电脑系统中整理、建档，促销进、销售价的调整申请工作。

(4) 确定所有促销商品的陈列位置、陈列数量、陈列方式在促销活动开始前3天时间内将陈列计划书面传递给楼层，在促销期间跟踪商品的销量、市场促销价格，及时进行补货。

(5) 与供应商确定赠品的数量及赠送方式：注意区别是捆绑赠送还是服务台领取，并将相关信息传递给相关部门（一楼各营业小组领班，一楼服务台、口岸验货组、一楼收银组、一楼防损组）提前做好工作。要求促销商品POP、现场告示注明“赠送品均为限量赠送，先到先得，送完为止”。

(6) 完成领导临时交办的任务，做好其他方面与此次促销活动的有关提前准备及现场配合工作。

2) 业务部物价质检组

(1) 组织做好促销商品的价格调整工作（注意核对售价、进价、促销时间的无误）。

(2) 组织楼层物价/综合组做好促销商品的价格标识悬挂、核对、检查工作。要求促销商品的POP、现场告示注明“赠送品、礼品均为限量赠送，先到先得，送完为止”。

(3) 对生鲜区的条码称商品实行单品管理，尤其是先保证联营特价促销商品的销售信息的区分。

(4) 在促销前调查超市所有商品的市场价位，在促销前调整至与竞争店的市场价位一致。进口商品的售价统一按10%的成本加价，特价商品按DM价格执行。

(5) 加强促销商品的质量监督管理工作：包括进货验收、已上架商品、生鲜商品的质量计量检查工作，确保企业的信誉。

(6) 完成领导临时交办的任务，做好其他方面与此次促销活动的有关提前准备及现场配合工作。

3) 营运部一楼

(1) B_1楼层服务台在促销前3天做好促销商品赠送计划的核对、赠送商品的入库、发放准备工作，在促销期间做好赠品安全、准确发放工作，并做好发放记录以备促销后查核。

(2) 限量抢购的商品，一楼值班经理在活动现场要组织做好有序销售维持工作及准备紧急状态预案（发放购物号码纸、准备礼品发放给因购物不成功而投诉的顾客）。

(3) B_1楼层值班经理组织各领班做好本期促销商品的陈列、特价POP书写、悬挂，促销期间及时做好促销商品排面整理、补货工作。

(4) 在促销前整理商品仓位（包括冻库、冷藏库），调整库容，做好促销商品的接收存放工作。应严格遵循“就近补货，按类存放，严防窜味”的原则，满足及时补货要求。

(5) 一楼值班经理组织各领班在促销前完成原计划的商品陈列调整工作，规范商品的陈列行为，做到商品的陈列美观、整齐，满足易于购买的要求，达到货满特超市“闪亮登场”新形象的宣传目的。

(6) 做好不同商品群的店内导购标识的申请、悬挂：进口商品、圣诞节礼品、冬令滋补品、火锅料商品、农历冬至节日商品；特价商品、疯狂特卖品等标识。

(7) 完成领导临时交办的任务，做好其他方面与此次促销活动的有关提前准备及现场配合工作。

4) 口岸验货组

(1) 验货口岸组织做好商品的验收入库工作，配合 B_1 楼层做好捆绑促销商品的理货工作，与质检物价组配合把好商品质量、计量关，确保企业的信誉。

(2) 完成领导临时交办的任务，做好其他方面与此次促销活动的有关提前准备及现场配合工作。

5) 财务部收银组

(1) 负责组织做好收银的相关准备工作：备好零钞、调试好收银设备，财务部总收组做好高峰期能通知楼面收银组员工进行应急收银的准备：如增加人手协助顾客打包，增设刷卡 POS 机等。

(2) 完成领导临时交办的任务，做好其他方面与此次促销活动的有关提前准备及现场配合工作。

6) 安全保卫部

(1) 加强保卫、做好超市的防损工作，通知物业协调员联系地产公司检查超市的供水、供电、通风、运输设备的运转调试，同时准备紧急异常情况的安全预案。

(2) 完成领导临时交办的任务，做好其他方面与此次促销活动的有关提前准备及现场配合工作。

7) 市场推广部

(1) 联系外包单位按计划做好 DM 的发放工作，12 月 19 日 DM 印制结束，开始发放到位。

(2) 按原计划组织实施超市的装饰计划，以及做好相关的促销标识。在促销前完成所有的工作。

(3) 完成领导临时交办的任务，做好其他方面与此次促销活动的有关提前准备及现场配合工作。

7. 早市开放的相关准备工作

1) 早市开放的相关信息的确认、传递

(1) 早市开放时间：6:30—9:00。

(2) 员工早市上班时间：5:00—6:00。

(3) 两台收银机及相关设施安装到位。

2) 与早市开放的相关配合部门的工作内容和要点

(1) 超市采购组负责组织做好早市商品的采购，增加生鲜区的商品品种。尤其是应通知联营供应商做好早市开放的准备工作，组织早市购物馈赠品的采购准备。

① 早市期间，购满 10 元以上可获赠厨用品一份，由超市供应商赞助蒜头、姜等。

② 前 30 名光临早市的顾客均可获赠礼品一份，调剂超市其他商品赠送剩余的赠品，赠品、礼品均为限量赠送，先到先得，送完为止。

(2) 一楼值班经理职责：

① 安排好上早市员工的班次，组织做好早市商品的备货，早市购物馈赠品的发放备工作。

② 配合相关部门组织员工做好早市开放相关服务设备设施的施工工作：早市出/入口的设计、施工，早市寄包，早市收银台的设置等。

(3) 验货口岸组织早市员工的班次做好早市商品的验收入库工作。

(4) 安全、保卫部门安排好上早市员工的班次，组织做好早市区的隔离防损工作。

(5) 财务部做好在早市开业的相关准备工作：增设收银点两台、安排收银员班次。

(6) 市场推广部做好早市开放的导购标识：早市出/入口标识、早市寄包标识、早市收银标识。

8. 广告宣传计划

1) 报纸广告

(1) 12月21日《××晚报》1/4版广告，宣传重点为：货满特超市定位、经营范围、首期15个疯狂特卖商品的特价信息；还需注明：凡中城赛特购物中心的内部员工无论在上班与否，一律不准参与抢购，违者重罚，直至开除处理；以上商品均为限量销售，先到先得，售完为止。

(2) 视促销情况而定，12月31日《××晚报》1/4版广告。宣传重点为：货满特超市定位、经营范围、推出第二期疯狂特卖商品的特价信息。

(3) 其他报纸广告宣传应注明、注意的事项。

2) 电视广告

(1)××××年12月21日至次年1月6日××电视台《××商贸》30s广告，分两次各15s广告重复播放。宣传重点：货满特超市的定位、超市形象、经营范围、推出促销活动信息及特价信息。

(2) 其他电视广告宣传应注明、注意的事项。

3) DM宣传

(1) DM宣传册为大开16P，印数25 000份，除了按计划在鼓楼区范围内夹《××晚报》10 000份发放，邮寄8 000份外，由营运部B_1楼层派人到周边小区发放4 000份，店内发放3 000份（店内发放位置用台子或架子在超市入口、商场大门入口存放，由顾客备取）。

(2) DM宣传册应注明以下信息：

① 早市开放的时间、早市入口的位置。

② 以商品群（进口商品、圣诞节礼品、冬令滋补品、火锅料商品、农历冬至节日商品）为单位的特价信息。

③ 团购/大宗购物的相关信息。

(3) DM宣传册的封面刊登：15个疯狂特卖商品的价格、特价时间及每日/每人限购数量，以上商品均为限量销售，先到先得，售完为止。还需注明：凡中城赛特购物中心的内部员工无论在上班与否，一律不准参与抢购，违者重罚，直至开除处理。

(4) 其他DM宣传应注明、注意的事项。

4) 店内宣传

(1) 由一楼派人在员工打卡处及门口广场、早市入口张贴DM及店内商品促销的信息。

(2) 营运部服务组广播员收集超市促销信息，并在卖场滚动播放。

(3) 其他店内宣传应注明、注意的事项。

以上促销活动计划书的相关内容一经各部门经理确认、公司领导批准即可执行，各部门在执行过程中若有需调整的或协调事项应及时上报公司解决，不得隐瞒或私自变通执行，否则应对由此造成的不良促销效果负责。

拟稿部门：业务管理部

计划制订时间：××××年11月15日

各执行部门确认：营运管理部　　财务部（电脑部）

业务管理部　　安全保卫部

总经理审批：

任务实施

一、以小组为单位，确定组长，由组长分工并确定组员的工作任务。

二、进行市场调研，了解现行连锁企业节日促销方案的策划。

三、以一家连锁企业为载体，采用多种促销方式相结合，撰写节日促销活动方案。

四、节日促销方案策划的实施要点可参考以下内容。

1. 明确节日促销目的

1）增加连锁企业的销售量

增加销量主要通过以下两种途径实现：一是能扩大市场份额。通过开展节日促销，使更多的消费者了解、熟悉、信任本连锁企业出售的商品以及提供的服务，就能稳定乃扩大本企业的市场份额，巩固其市场地位。二是刺激消费者对商品的需求。通过开展节日促销，连锁企业力求使消费者产生购买欲望，引发他们的购买行为，从而使连锁企业不断地开发新顾客，保持一定的销售势头。

2）树立良好的企业形象

连锁企业一方面通过节日促销活动，反映各自的经营特色和特点，突出各自不同的主题、特色商品和特色服务；借助节日促销活动，大力宣传本连锁企业与竞争企业及其经营商品间的不同特点，要重点强调本企业能给消费者带来的特殊利益，从而在市场上建立并巩固本企业的良好形象；另一方面通过节日促销活动来提升企业在消费者心中的形象，从而扩大其知名度。如连锁企业常借助“妇女节”“教师节”等有特定消费人群的节日，开展一系列的公益促销活动。

3）增强连锁企业的竞争力

节日促销是连锁企业在竞争中取胜的一把利器。它的主要作用之一是与竞争者对抗。一方面在进行促销策划时，要掌握竞争者的动向，节日促销的规模和影响；另一方面由于连锁企业在不断的发展，竞争日趋激烈，企业通过节日促销来争取顾客，刺激了顾客的购买欲望，从而达到打败竞争对手的目的。

4）优化商品结构

连锁企业通过节日促销能够加速商品的流通，优化商品结构，主要有以下3个途径：

(1) 新产品的引入。在节日可以让消费者试用新产品，加深消费者对新产品的了解，才能树立起新产品在消费者心目中的地位。

(2) 加速滞销商品的销售。通过节日大量开展优惠促销，可以加速滞销商品的周转，以免产生消费者的怀疑，对连锁企业产生不良的影响。

(3) 畅销商品的推广。通过节日促销，加强畅销商品的培养，加强畅销商品在消费者心目中的地位，从而在竞争中取胜。

2. 节日促销计划的实施

1) 信息发布

(1) 报纸。在当地报刊种类很少，无选择余地的情况下，可在发行量最大的报刊直接发布指定广告。

① 活动信息一定要在当地发行量大，影响力最高的报刊发布。

② 提前确定广告发布日期，活动举办时间和广告时间间隔不超过 5 天，最后一期广告在活动前 2 天内刊出，不可与活动时间相隔太长。

③ 刊发可提高参与热情和人数的信息，例如“活动在 11:30 开始，请不要太早排队”。

④ 注意要在广告边角上加上“活动解释权归 ×× 公司所有”内容，以避免惹一些不必要的麻烦。

(2) 电视。电视广告以滚动字幕或尾板方式配合，内容以介绍活动为主，辅以简单的产品介绍或干脆不提产品的功能等内容。

(3) 电台。电台没有电视直观，更没有报纸拿在手中长时间翻阅的优势。用电台传播信息一定要反复强调具有吸引力的内容，以及活动的时间地点，其他一概免谈。

2) 现场布置

活动现场布置得好，可以使活动有条不紊地开展，增加活动气势和氛围，吸引更多人参与。以下物料在大型活动中一般是必备的：

(1) 写有活动主题的大幅横幅。

(2) 突出产品形象和活动主题内容的大幅展板和背板。

(3) 挂旗、桌牌、大幅海报、宣传单。

(4) 咨询台、赠品（礼品）发放台、销售台等。

3) 人员安排

(1) 安排足够数量的服务人员，并佩戴工作卡或绶带，便于识别和引导服务。

(2) 现场要有一定数量的秩序维持人员（有时可与公安片警及保安联络让其派员协助）。

(3) 现场咨询人员、销售人员既要分工明确又要相互配合。

(4) 应急人员（一般由领导担任，如遇政府职能部门干涉等情况应及时公关处理）。

4) 公关联络

提前到工商、城管等部门办理必要的审批手续。

5) 执行要点

(1) 工作人员第一个到达现场，各就各位。

(2) 宣传人员派发宣传单，介绍活动和产品，引导顾客至销售台。

(3) 掌握好活动节奏，维持好现场秩序，防止出现哄抢和其他意外，以免造成负面效应。

(4) 销售人员准备销售事项，介绍销售产品。

(5) 赠品在规定时间发放，不宜太早或太晚，发放时登记个人资料并让其签字。

(6) 主持人宣布活动结束，现场暂时保留至可能时间。

(7) 现场销售台继续销售。

(8) 现场清理，保留可循环物品以备后用。

6) 效果检查

通过促销活动的检查（表 8-2），可以得知本次促销活动的不足和缺陷。只有找出根源，才能对症下药、吸取教训，使企业不断的进步。

表 8-2　连锁门店活动检查

类　型	检查标准
促销前	促销宣传单、海报、POP 是否准备妥当和发放 卖场所有人员是否均知道促销活动即将实施 促销商品活动前是否已经准备妥当 促销商品是否通知计算机部门变价
促销中	促销商品是否齐全、数量是否充足 促销商品陈列表现是否具有吸引力 促销商品是否张贴 POP 广告 服务人员是否定时广播促销方式
促销后	过期的海报、POP、宣传单是否更换 促销商品是否恢复原价 促销陈列是否调整恢复原状 对商品销售业绩的检查和利润分析 价格水平分析，即了解顾客能接受的价格水平，便于以后参考 绩效的分析

3. 节日促销策划的注意事项

为今后规避风险、获取更大的成功，节日促销要进行一番很好的评估总结，才能提升节日促销的品质和效果。分析每次活动的优点和不足；总结成功之处，借鉴不足教训。具体操作时要注意以下几个方面。

1) 准确地定位

活动要主题鲜明，明确是传达品牌形象宣传还是现场售卖，不要陷入甩卖风、折价风的促销误区。另外，需要了解竞争对手的动态，特别是在几个大的节假日，竞争对手最新的促销意图，如新品状况、折扣情况、赠品分派、新产品引进等。

2) 确定最佳的行动方案

除了事前周密的计划和人员安排，首先要有一个好的方案，发挥团队作战优势，团结一致、齐心协力方能做好工作；其次，是有较强的执行能力，再者所有的活动安排和物料准备要紧扣活动主题，总负责人要清楚活动的每个环节，了解各环节的进度，及时发现和解决活动现场出现的新问题；最后，要对参与活动的人员进行详尽的培训，把活动的目的和主旨深入传达到每个人心中，充分调动每位员工的积极性和主人翁责任感。

3）确定时间安排和规划预算

卖场促销时间宜早不宜迟，特色活动最好比对手早三四天，以免被对手抢先。再好的策划、再好的时机，如果没有完整准确的规划预算，届时产品不充足，促销品不到位，顾客该买的买不到。该拿的拿不到，也必定影响整体活动的效果。

4）现场氛围营造

节日活动气氛包括两个部分，一是现场氛围，包括气氛海报、POP张贴、装饰物品的布置、恰到好处的播音与音乐，这些将会在很大程度上刺激顾客的购买欲望。具体而言，做好主题广告宣传，从色彩、标题到方案、活动等均突出节日氛围，以主题广告营造节日商机。另外一种氛围就是员工心情，这就要看组织者是否能够调动员工的积极心态。其中，最有效的方法就是制订一个恰当的任务与销售目标，活动结束后按照达成率情况进行奖赏。

5）严格控制促销成本

理性预测和控制投入产出比，切不可盲目跟谁，挥金如土；尽量不要和强势厂家正面对抗，尤其是不要和强势对手大打价格战，应该独辟蹊径，突出自己的优势和卖点；事实上，节日促销活动的设计，要“因己制宜”，这样才能取得好的效果。

任务成果

促销活动方案

胡杨杨、庄晓平、魏舒舒、沙莉萍、张梅娟、吴淑英

一、活动主题

圣诞欢庆，尽在天猫。

二、活动时间

××××年12月15—25日。

三、活动范围

天猫全场商品。

四、活动对象

天猫所有用户。

五、活动目标

活动期间，营造浓烈的节日气氛，提高客流量，其中销售额比活动前增长10%。

通过这个月销售的最高峰圣诞节期间，增加企业的销售量，扩大市场份额，树立良好的企业形象，增强企业竞争力，加速商品流通、优化商品结构。

六、活动内容

(1) 赠品促销。在活动期间可领取红包，在在圣诞节购买商品可用红包支付，如无购买商品，则红包作废。在圣诞节购买商品满 300 元可送圣诞礼包及包邮优惠。

(2) 全场买一送一，两件包邮。

(3) 折价促销：在活动期间，“满 199 减 10，满 299 减 20，满 499 减 50”，部分商品在制定的时间里限时限量抢购。

(4) 圣诞节促销红包使用规则：

① 红包仅限在天猫购买商品使用。

② 如有多个红包，可以叠加使用，但一笔订单最多叠加使用 6 个。

③ 红包不得提现，不得转增他人，不得为他人付款。

④ 红包只能在 ×××× 年 12 月 30 日 23:59 前使用，逾期作废。

⑤ 在获取和使用红包的过程中，如果出现违规行为（如作弊、恶意套现等），天猫将取消您的中奖资格，并有权撤销违规交易，通知支付宝收回红包（含已使用的红包及未使用的红包）。

(5) 圣诞节抽奖玩法：

① 本活动尽现天猫达人才能参与活动，非天猫达人不能参与（实属天猫会员）。

② 每次参与游戏需要消耗 10 个天猫积分。

③ 中奖用户需绑定有效支付宝账户及手机号码，否则中奖结果无效。每个支付宝账户在“天猫圣诞季”活动中，最多可得奖 3 999 元。

七、活动期间注意事项

(1) 商家赞助商品需把握一定尺度，价值不能太低。

(2) 其他活动也需跟进，如发放礼品、天猫积分来兑换魔盒等。

八、广告宣传计划

(1) 在网络平台上。登录天猫或者淘宝网的首页，让大家可以看到“圣诞购物狂欢节”的广告版面。利用众多网站以各种形式对天猫圣诞节的购物狂欢节做广告宣传，包括发文、广告浮标、广告弹窗等。

(2) 视频网站方面，优酷、土豆为天猫“圣诞购物狂欢节”量身定制采用双平台联合营销推广计划。

(3) 在 QQ、人人网等聊天工具或社交网站上微博论坛等，为天猫宣传，或是链接直接进店铺，或是优惠介绍等。

九、成本预算

天猫 12 月份费用预算见表 8-3。费用预算总额 41 000 元。

表 8-3　天猫 12 月份费用预算

项　目	计划项目	3 月	备　注
淘宝直通车	商品数量	5	
	直通车花费	300 元 / 天	
	合　计	9 000 元	
淘宝钻石展位	店铺活动 / 单品	活动名称 / 单品	
		店铺活动推广	
	话　费	2 000 元	
	合　计	2 000 元	
广告设计与制作费	网　络	6 000 元	
	杂　志	4 000 元	
	户外广告	5 000 元	
媒体费用	官　网	3 000 元	
	微　博	6 000 元	全月
其　他		6 000 元	100 元 / 天
费用合计			

十、总结

充分利用圣诞节这一销售高峰期，以多种促销手段来带动商城的商品销售量，以及达到推广品牌、扩展市场份额的目的。这是此次节日促销的最大意义。

×× 永辉超市促销方案

谢星星、吴淑雅、魏芳芳、吴坤玲

一、活动主题

礼情款款，欢度国庆

二、活动时间

20×× 年 9 月 28 日—10 月 3 日

三、活动地点

永辉超市（×× 店）

四、销售目标

促销期间的日均销售额达到 190 万元，平均毛利率控制在 26% 左右。

五、活动目的

(1) 以国庆节为契机，通过策划一系列活动，进一步宣传企业的整体形象，提高企业在顾客和供应商中的知名度和美誉度。

(2) 借助国庆节促销活动，刺激消费群，吸引目标消费群及潜在的消费群，最大限度地扩大销售额。

(3) 加深永辉超市与消费者的相互了解与情感沟通，让顾客进一步了解永辉。

六、促销活动内容与方式

(1) 为庆祝国庆节，回报广大顾客朋友，在活动期间，凡在永辉超市购买商品单张小票满 99 元即可返 8 元抵用券，满 198 元可返 16 元抵用券。多买多返，依此类推，欢迎广大顾客朋友前来选购。（抵用券使用时间只能在 20×× 年 10 月 4—15 日期间，逾期失效，不能累计使用。）

(2) 凡是在 20×× 年 10 月 1 日购买床上用品、家电用品、享有八折优惠。（促销商品除外）

(3) 20×× 年 9 月 28—30 日，在早市开放期间，部分生鲜商品实行时段（6：30—9：00）优惠销售。

七、促销方案宣传

(1) DM 海报宣传。印刷 3 000 份，在超市出入口放置 1 000 份、服务台放置 500 份、收银台处放置 1 500 份。

(2) 店内 POP 海报。张贴在入口处和购物车上，以此次的活动主题来做标语，画面用冲击视觉的色彩来展现。

(3) 店内广播。偶尔放些轻松的音乐，重复卖场内有哪些物品是参加促销活动及各自降价的幅度（报原价和现价）。

(4) 在公交车上发布活动的相关信息，在超市提前进行广播通知、发放宣传单。

八、促销安排

1. 物质准备

促销前的物质准备工作见表 8-4。

表 8-4　促销准备工作

时间安排	主要工作	负责部门
8 月 15 日—9 月 15 日	各类商品的库存准备（显示商品、活动奖品、活动赠品等）	采购部
9 月 16 日—9 月 22 日	国庆快讯、宣传单页、店内展板、POP、彩旗	营销部
9 月 23 日—9 月 24 日	各环节到位情况检查	防损部
9 月 25 日—9 月 27 日活动结束	永辉国庆宣传单的发放	营销部
9 月 28 日	促销活动正式开始	

2. 人员安排

促销前的人员安排情况见表 8-5。

表 8-5 促销人员安排

任务	人数	工作任务
各类商品卖点销售人员	30 人	负责推销商品，指引消费者购买
场景的布置	10 人	确保国庆促销的欢乐气氛，达到处处见促销
外场礼品兑换	6 人	主要负责核对顾客小票，兑换礼品
秩序维持人员	5 人	对于卖场活动进行秩序的维持
应急人员	5 人	对于活动中人员短缺进行应急

九、成本预算

本次促销活动的成本预算见表 8-6。

表 8-6 促销成本预算

名称	数量	费用
广告费		4 800 元
DM 海报	3 000 份	600 元
展示板、POP 海报、大横幅	102 份	600 元
礼品		96 000 元
成本合计		102 000 元

十、注意事项

(1) 顾客购买活动商品后需保留购物小票，凭购物小票到总服务台领取抵用券。

(2) 单张购物小票方可参加活动，不可多张小票累计参加。

(3) 顾客领取抵用券时，需由工作人员加盖“抵用券已领”字样章后方可领取。

(4) 该返现活动只限活动期间消费的顾客，以小票机打日期为准。

十一、现场意外防范

(1) 促销第一天，销售人员 / 促销负责人员和执行人员要提早到场，再次确认准备工作到位，整理促销产品、商品陈列及标价。当天主管要全程跟进，了解准备不足和方案欠妥之处要及时调整改善，并对促销人员进行现场辅导。

(2) 各项人员、物料准备工作有完成排期表。以上各项工作落实后，进入实质性的准备工作，为避免某项工作出现疏漏而影响整体进程，需将准备工作细分责任，落实到人，规定完成时间。

十二、促销评估

(1) 通过此次国庆节的促销活动，永辉销售额、市场占有率将提高。

(2) 清理库存积压、换季商品，以及提高某些商品的销量，提升品牌知名度。

(3) 加深永辉超市与消费者的相互了解与情感沟通，让顾客进一步了解永辉，培养老顾客的购买忠诚度 。

(4) 吸引大量新顾客。

附录

零售商促销行为管理办法

第一条 为了规范零售商的促销行为，保障消费者的合法权益，维护公平竞争秩序和社会公共利益，促进零售行业健康有序发展，根据有关法律、法规，制定本办法。

第二条 零售商在中华人民共和国境内开展的促销活动适用本办法。

第三条 本办法所称零售商是指依法在工商行政管理部门登记注册，直接向消费者销售商品的企业及其分支机构、个体工商户。

本办法所称促销是指零售商为吸引消费者、扩大销售而开展的营销活动。

第四条 零售商开展促销活动应当遵循合法、公平、诚实信用的原则，遵守商业道德，不得开展违反社会公德的促销活动，不得扰乱市场竞争秩序和社会公共秩序，不得侵害消费者和其他经营者的合法权益。

第五条 零售商开展促销活动应当具备相应的安全设备和管理措施，确保消防安全通道的畅通。对开业、节庆、店庆等规模较大的促销活动，零售商应当制定安全应急预案，保证良好的购物秩序，防止因促销活动造成交通拥堵、秩序混乱、疾病传播、人身伤害和财产损失。

第六条 零售商促销活动的广告和其他宣传，其内容应当真实、合法、清晰、易懂，不得使用含糊、易引起误解的语言、文字、图片或影像。不得以保留最终解释权为由，损害消费者的合法权益。

第七条 零售商开展促销活动，应当在经营场所的显著位置明示促销内容，促销内容应当包括促销原因、促销方式、促销规则、促销期限、促销商品的范围，以及相关限制性条件等。

对不参加促销活动的柜台或商品，应当明示，并不得宣称全场促销；明示例外商品、含有限制性条件、附加条件的促销规则时，其文字、图片应当醒目明确。

零售商开展促销活动后在明示期限内不得变更促销内容，因不可抗力而导致的变更除外。

第八条 零售商开展促销活动，其促销商品（包括有奖销售的奖品、赠品）应当依法纳税。

第九条 零售商开展促销活动应当建立健全内部价格管理档案，如实、准确、完整记录促销活动前、促销活动中的价格资料，妥善保存并依法接受监督检查。

第十条 零售商开展促销活动应当明码标价，价签价目齐全、标价内容真实明确、字迹清晰、货签对位、标识醒目。不得在标价之外加价出售商品，不得收取任何未予明示的费用。

第十一条 零售商开展促销活动，不得利用虚构原价打折或者使人误解的标价形式或价格手段欺骗、诱导消费者购买商品。

第十二条 零售商开展促销活动，不得降低促销商品（包括有奖销售的奖品、赠品）的质量和售后服务水平，不得将质量不合格的物品作为奖品、赠品。

第十三条 零售商开展有奖销售活动，应当展示奖品、赠品，不得以虚构的奖品、赠品价值额或含糊的语言文字误导消费者。

第十四条 零售商开展限时促销活动的，应当保证商品在促销时段内的充足供应。

零售商开展限量促销活动的，应当明示促销商品的具体数量。连锁企业所属多家店铺同时开展限量促销活动的，应当明示各店铺促销商品的具体数量。限量促销的，促销商品售完后应即时明示。

第十五条 零售商开展积分优惠卡促销活动的，应当事先明示获得积分的方式、积分有效时间、可以获得的购物优惠等相关内容。

消费者办理积分优惠卡后，零售商不得变更已明示的前款事项；增加消费者权益的变更除外。

第十六条 零售商不得虚构清仓、拆迁、停业、歇业、转行等事由开展促销活动。

第十七条 消费者要求提供促销商品发票或购物凭证的，零售商应当即时开具，并不得要求消费者负担额外的费用。

第十八条 零售商不得以促销为由拒绝退换货或者为消费者退换货设置障碍。

第十九条 鼓励行业协会建立商业零售企业信用档案，加强自律，引导零售商开展合法、公平、诚实信用的促销活动。

第二十条 单店营业面积在3 000平方米以上的零售商，以新店开业、节庆、店庆等名义开展促销活动，应当在促销活动结束后15日内，将其明示的促销内容，向经营场所所在地的县级以上（含县级）商务主管部门备案。

第二十一条 各地商务、价格、税务、工商等部门依照法律、法规及有关规定，在各自职责范围内对促销行为进行监督管理。对涉嫌犯罪的，由公安机关依法予以查处。

第二十二条 对违反本办法规定的行为任何单位和个人均可向上述单位举报，相关单位接到举报后，应当依法予以查处。

第二十三条 零售商违反本办法规定，法律、法规有规定的，从其规定；没有规定的，责令改正，有违法所得的，可处违法所得 3 倍以下罚款，但最高不超过 3 万元；没有违法所得的，可处 1 万元以下罚款；并可予以公告。

第二十四条 各省、自治区、直辖市可结合本地实际，制定规范促销行为的有关规定。

第二十五条 本办法由商务部、发展改革委、公安部、税务总局、工商总局负责解释。

第二十六条 本办法自 2006 年 10 月 15 日起施行。

（资料来源：中国政府网资料. 商务部令 2006 年第 18 号）

参考文献

[1] 张启杰 . 连锁企业促销技巧 [M]. 北京：电子工业出版社，2007.
[2] 卢泰宏，朱翊 . 实效促销 SP[M]. 北京：清华大学出版社，2003.
[3] 张雪飞，丁浩 . 成功促销技巧 [M]. 北京：中国纺织出版社，2003.
[4] 张自利 . 促销实战手册 [M]. 北京：中国纺织出版社，2003.
[5] 刘永矩 . 实战促销 [M]. 北京：机械工业出版社，2006.
[6] 祝文欣 . 促销实战攻略 [M]. 北京：机械工业出版社，2006.
[7] 陈榴 . 商场促销策划手册 [M]. 北京：经济科学出版社，2006.
[8] 吴运亭 . 成功促销 [M]. 北京：中国经济出版社，2006.
[9] 靳俊喜 . 促销管理与策划 [M]. 大连：东北财经大学出版社，2001.
[10] 叶素贞 . 节假日促销 [M]. 北京：北京大学出版社，2007.